MADEMOISELLE CLAIRON,

COMÉDIE-VAUDEVILLE EN DEUX ACTES,

PAR
MM. MÉLESVILLE, CARMOUCHE ET DE COURCY;

Représentée pour la première fois, à Paris, sur le théâtre du Gymnase Dramatique, le 13 novembre 1838.

DISTRIBUTION DE LA PIÈCE :

Claire-Hippolyte DE LATUDE (Mlle Clairon).	Mme E. Sauvage.
LE MARGRAVE D'ANSPACH........	M. Numa.
Le chevalier DE SAINT-PAUL........	M. Paul.
L'ABBÉ, contrôleur des finances........	M. Davesne.
MARMONTEL........	M. Monval.
ROSELLY, comédien français........	M. Bernard-Léon.
Le baron DE MULHDORF, conseiller intime du margrave........	M. Klein.
FRANÇOISE, gouvernante de Mlle Clairon....	Mlle Juliesse.
Un Exempt........	M. Bordier.
Un Huissier........	M. Dufus.

Comédiens et Comédiennes.
Officiers et Seigneurs.

La scène se passe, au premier acte, à Paris, chez mademoiselle Clairon; au deuxième acte, à Anspach, dans le palais du margrave.

ACTE PREMIER.

Un petit salon au rez-de-chaussée, donnant sur un jardin. Porte principale d'entrée au fond; deux portes latérales à droite et à gauche; une fenêtre. Ameublement du temps de Louis XV. Pendule et garniture de cheminée en rocaille.

SCÈNE I.

FRANÇOISE, entrant par le côté de gauche, et tenant des lettres et des journaux.

En voilà-t-il des correspondances... (Elle lit les adresses.) « A mademoiselle Clairon, en Europe. (A elle-même.) Cherchez le numéro. (En reprenant une autre.) « A mademoiselle Clairon, actrice de la Comédie-Française, carrefour Buci, près le café Procope, à Paris. » A la bonne heure, au moins; c'est plus commode pour le facteur! (Regardant la lettre.) Et tout ça des déclarations... (Posant les lettres sur la toilette.) Là... elle trouvera sa provision de papillottes toute faite !... car, c'est fini, mam'selle a renoncé à s'attacher, et elle a raison... ils s'y mettent trop, on s'embrouille... et ça lui donne des humeurs... (Prenant un ton tragique.) « Allez, Faume! » qu'elle me dit... parcequ'avec ses idées de grandeurs, elle ne peut pas se décider à m'appeler Françoise! (Reprenant le ton tragique.) « Allez vous promener, Fatime... vous m'excédez! » Il y a surtout ce M. de Saint-Paul, un officier du régiment de la reine, si vif, si impétueux, qui nous faisait des scènes... heureusement qu'il ne reviendra plus! mam'selle lui a fait défendre sa porte. (L'apercevant au fond.) Allons, le voilà encore !

SCÈNE II.
FRANÇOISE, SAINT-PAUL.

SAINT-PAUL, parlant au fond.
Oui, oui, je respecte la consigne... mais c'est pour sa femme-de-chambre que je viens! pour Françoise !

FRANÇOISE, se récriant.

Comment, monsieur, pour moi! qu'est-ce que ça signifie?

SAINT-PAUL.

Il me fallait un prétexte... j'ai pris le premier venu, le plus invraisemblable!... je veux la voir... annonce-moi.

FRANÇOISE, piquée.

Elle n'y est pas!

SAINT-PAUL.

C'est égal, annonce-moi toujours.

FRANÇOISE.

Puisqu'on vous dit que mam'selle est à la répétition!

SAINT-PAUL.

Encore!... ses répétitions! ses tragédies! des prétextes!... ah! si elle était là!... tiens, je crois qu'en cet instant!...

Air de Turenne.

De ce cœur froid qui ne veut rien entendre
Tous les dédains seraient vite expiés.
Je serais homme à me faire comprendre,
En me brûlant la cervelle à ses pieds!

FRANÇOISE, reculant.

Ah! mon Dieu! mais vous m'effrayez!

SAINT-PAUL, se calmant.

En effet... oui... cela pourrait peut-être
Lui faire peur... Oh! non, jamais.
Alors, vois-tu, je me contenterais
De me jeter par la fenêtre!...

FRANÇOISE.

Encore mieux! v'là ses désespoirs qui lui reprennent! Que n'allez-vous lui parler au théâtre?

SAINT-PAUL.

Hé! j'y suis consigné aussi... je crois qu'elle a donné mon signalement au portier, aux capistes, au souffleur... hier encore, j'étais parvenu à franchir tous les obstacles, je l'aperçois... elle était dans la grande scène de *Clytemnestre*... je m'élance... ces misérables Grecs... les gardes d'*Agamemnon* me saisissent au collet... sous prétexte que je n'avais pas l'uniforme... O race des Atrides! si j'avais eu ma compagnie de cavalerie!...

FRANÇOISE.

Là... pourquoi aller chercher dispute à ces pauvres Grecs, qui ne vous disaient rien!

SAINT-PAUL.

Est-ce que je me connais! (Se radoucissant.) Voyons, Françoise, conviens-en, elle y est, n'est-ce pas?... va lui dire que je suis calme et que...

FRANÇOISE.

Je vous répète qu'il n'y a personne!

SAINT-PAUL, avec emportement.

Eh bien! tant mieux qu'elle n'y soit pas! après tant de mépris, je ne mettrai plus les pieds chez elle!

(Il se jette sur une chaise.)

FRANÇOISE, croyant qu'il part.

A la bonne heure!

SAINT-PAUL, se levant.

Ou plutôt... non... je viendrai tous les jours, pour la désespérer! car tu ne sais pas ce que je souffre, Françoise.

FRANÇOISE, à part et touchée.

Pauvre jeune homme! si c'était de moi qu'il fût amoureux!...

SAINT-PAUL, vivement.

Tiens, Françoise, il faut que j'aie un rival!

FRANÇOISE.

Allons! voilà d'autres lubies!

SAINT-PAUL, se promenant avec agitation.

Oui, oui... j'ai un rival! et qui peut-elle me préférer?... le contrôleur des finances? fi donc! il n'a que de l'argent... Marmontel, le poète boursouflé? elle ne l'a jamais aimé!... ce petit prince... le margrave d'Anspach?... avec sa bonne figure allemande et sa perruque brandebourgeoise... oh! non, il est d'une naïveté!... Mais réponds-moi donc, au nom du ciel!

FRANÇOISE, impatientée.

A quoi bon? vous faites les demandes et les réponses!

SAINT-PAUL.

Je les tuerai tous... comme ça je découvrirai peut-être le véritable...

FRANÇOISE.

Par exemple!

SAINT-PAUL, écoutant.

Attends! une voiture qui s'arrête à la petite porte!

FRANÇOISE.

C'est possible! Sauvez-vous si mam'selle vous trouve ici, elle est capable de me chasser.

(Elle va regarder à la fenêtre.)

SAINT-PAUL, à part.

En effet... le premier moment de surprise!... mais je ne sors pas que je n'aie eu une explication.

(Il se jette dans le cabinet à gauche, sans que Françoise l'aperçoive.)

FRANÇOISE, à la fenêtre.

Ce n'est pas notre voiture, Dieu merci! et... (Se retournant.) Tiens! il est parti... J'ai toujours bien fait de lui dire cela, nous en v'là débarrassées pour aujourd'hui... (Regardant à la fenêtre.) C'est le carrosse de M. l'abbé Terray... celui du prince allemand, et la chaise à porteurs de M. Marmontel. V'là la file qui commence comme à la Comédie.

SCÈNE III.

FRANÇOISE, L'ABBÉ, LE MARGRAVE, MARMONTEL.

L'ABBÉ, au fond.

Passez donc, monsieur de Marmontel...

ACTE I, SCÈNE III.

MARMONTEL.
Un pauvre poète avant le contrôleur-général! (Au margrave, qui attend derrière eux.) Oh! monseigneur le margrave! une puissance étrangère! à vous les honneurs!...

LE MARGRAVE, saluant sans entrer.
Oh!... messieurs!...

FRANÇOISE, riant de leurs cérémonies, et sortant de côté.
Eh bien, ils ne se fouleront pas!

LE MARGRAVE, voulant entrer.
Puisque vous l'exigez...

L'ABBÉ, passant avant lui.
Allons, je passe, mon prince... car suivant l'Écriture, les derniers seront les premiers.

MARMONTEL passe aussi avant le margrave.
Alors, c'est par respect!

LE MARGRAVE, entrant le dernier.
Trop aimables, messieurs; je n'ai pas d'ambition, je me contente d'être un bon petit prince... vivant bien tranquillement avec tous mes voisins, quoique j'aie une armée effective de onze cents hommes et une population de dix-sept mille âmes, d'après le dernier recensement! c'est pour polir les mœurs de mes sujets, que, comme Pierre-le-Grand, je viens à Paris, visiter le foyer des lumières.

MARMONTEL, avec intention.
Et celui de la Comédie!...

LE MARGRAVE, riant aisément.
Oh! oh! *Mein Gott!*... un jeu de mots! peuple spirituel, va! (Reprenant son idée.) J'ai voulu étudier le centre des arts et de la civilisation, comme dit la *Gazette de France*, que j'ai lue ce matin au café Procope, en prenant une bavaroise!

MARMONTEL, souriant.
Une bavaroise!... souvenir du pays!...

LE MARGRAVE, riant plus fort.
Oh! oh! encore un jeu de mots! (A lui-même.) C'est le peuple le plus spirituel de la terre. (Aux deux autres.) Que malheureux que vous êtes! vous avez donc tous de l'esprit, ici?... jusqu'à monsieur l'abbé qui ne dit rien là... mais qui est, à ce qu'il paraît, le génie le plus prodigieux... touchant les finances!...

L'ABBÉ.
Oh! mon Dieu! les finances, c'est bien simple!... Quand il y a des embarras... une faillite! il n'y a rien de tel pour mettre ordre à ses affaires.

LE MARGRAVE.
C'est le moyen d'avoir toujours de l'argent.

MARMONTEL.
Oui, en prenant dans nos poches?

L'ABBÉ.
Et où voulez-vous que j'en prenne?

LE MARGRAVE, avec bonhomie.
Il en prendra où il y en aura!... c'est clair! le génie n'y regarde pas de si près!... d'ailleurs, nos finances sont si malades qu'on a bien fait de choisir un abbé pour les administrer. (Riant d'un air de pudeur.) Oh! oh! pardon! je crois que je m'y mets aussi, messieurs!

MARMONTEL ET L'ABBÉ, riant.
Ah! ah! très bien.

L'ABBÉ.
Mais je ne vois pas Clairon!

LE MARGRAVE.
Clairon!

MARMONTEL.
La belle Sémiramis! la divine Hermione!

L'ABBÉ, s'asseyant et parcourant un journal.
Est-ce qu'elle joue ce soir, notre petite Clairette?

LE MARGRAVE, à part, avec colère.
Clairon! Clairette!... cet abbé est un paltoquet... je le lui dirai en allemand!

MARMONTEL.
Sans doute! elle joue le *Siège de Calais* de Debelloy, qui fera faire le siège du théâtre, car c'est une fureur!... c'est la pièce en vogue! et le roi lui-même disait hier au duc d'Ayen qui la critique impitoyablement : « Monsieur le duc, je vous croyais meilleur Français. »

L'ABBÉ.
C'est vif!

LE MARGRAVE.
Très vif! (Froidement.) Pourquoi lui a-t-il dit cela?

MARMONTEL.
Air : Qu'il est flatteur d'épouser celle.

C'était un auguste suffrage...
Pour les sentiments généreux
Qu'on applaudit dans cet ouvrage!...
Mais le duc, sans baisser les yeux,
Soudain riposte avec adresse :
« Je voudrais bien pour Debelloy,
« Sire, que les vers de la pièce
« Fussent aussi français que moi! »

L'ABBÉ.
Ah! ah! c'est délicieux!

LE MARGRAVE.
C'est délicieux!... (Froidement.) Pourquoi lui a-t-il répondu cela?

MARMONTEL.
A cause du mauvais style de l'ouvrage.

LE MARGRAVE.
Ah! bien... (Froidement.) Moi, je suis de l'avis du roi... j'adore le *Siège de Calais*, je ne l'ai encore vu que dix-neuf fois.

MARMONTEL.
Il paraît que vous le trouvez...

LE MARGRAVE.
Je ne l'ai pas écouté : pourvu qu'elle joue... elle...

L'ABBÉ.
La petite Clairon?

LE MARGRAVE, appuyant.
Encore!... Ma-de-moi-selle Clairon!... (Dépité.) Oui, monsieur... votre plus grande actrice!...

MARMONTEL, riant.
C'est vrai... grâce au cothurne !
L'ABBÉ, de même.
Et à son cordonnier.
LE MARGRAVE, scandalisé.
Son cordonnier ! la sublime Clairon est un géant, monsieur ! elle joue la tragédie comme celui qui l'a inventée... ô dieux ! dès qu'elle paraît, je suis là, les bras en l'air, les oreilles tendues ! il me semble que j'entends les vers harmonieux de nos poëtes... les Klopstock, les Gerstemberg, les Ich-Snack-Leisewital... tout ce qu'il y a de plus doux au monde ! par exemple, dès qu'elle sort de scène... je me recueille, mes yeux se ferment et je m'endors... ce qui me fait perdre un peu le fil... de l'intrigue ; mais je me rattraperai toujours... j'ai retenu trois loges pour ce soir.

L'ABBÉ.
Pour vous rattraper ?

LE MARGRAVE.
Non... pour des amis ; deux barons et une palatine !... moi, je serai sur le théâtre, comme à l'ordinaire... côté du roi... le plus près de ma reine !

MARMONTEL.
Peste !... c'est une passion décidée... Vous l'aimez ?

LE MARGRAVE.
Avec toute la fougue dont un Allemand est susceptible ! je voudrais l'emmener à Anspach... je lui bâtirais une salle de spectacle où elle jouerait toute seule, et pour moi tout seul... nous ne serions que nous deux... oh ! nous aurions bien de la satisfaction !

MARMONTEL.
Eh ! mais... on monte l'escalier.

LE MARGRAVE.
A mon frémissement, je parie que c'est elle !

SCÈNE IV.

LES MÊMES, FRANÇOISE ; ensuite Mlle CLAIRON.

FRANÇOISE.
Voici mademoiselle, messieurs.

TOUS.
Enfin !

CHOEUR.
Air de H. Monpou.

Salut à Melpomène,
L'honneur de notre scène
Et l'amour des Français...
Voyez, aimable reine,
Près de leur souveraine
Vos fidèles sujets.

MADEMOISELLE CLAIRON, avec une dignité joyeuse.
C'est bien, messieurs ; nous recevons avec satisfaction les hommages de nos amés et féaux ! (Elle rit.) Ah ! ah ! ah ! une entrée toute royale ! comment donc ! l'académie, le parlement... et une cour étrangère, qui sont antichambre dans mon salon ! et pour compléter l'illusion, mon garde-du-corps, Françoise, qui est là sous les armes.

FRANÇOISE, interdite.
Moi, mam'selle... j'attendais...

MADEMOISELLE CLAIRON, déclamant.
Il suffit. Garde, retirez-vous ! (Du ton actuel.) Bonjour, l'abbé.

LE MARGRAVE, respectueusement.
Si Votre Majesté voulait nous admettre au baise-main...

MADEMOISELLE CLAIRON, lui tendant la main.
Quel courtisan vous faites, margrave ! vous demandez toujours !

MARMONTEL.
Comme vous rentrez tard ! serait-il arrivé quelque accident ?

MADEMOISELLE CLAIRON, gaîment.
Un très agréable ; je ne joue pas ce soir.

L'ABBÉ ET MARMONTEL.
Bah !

LE MARGRAVE.
Dieux !... et mes trois loges ! mais ce n'est pas possible... le *Siége de Calais* est affiché !

MARMONTEL.
Par quel hasard ?...

MADEMOISELLE CLAIRON.
C'est tout simple... vous connaissez Dubois ?

LE MARGRAVE.
Le cardinal ?

MADEMOISELLE CLAIRON.
Non... celui-là ne joue plus la comédie... il est mort !... un autre... (riant.) celui, comme dit Roquelaure, qui n'est pas du bois dont on fait les bons acteurs !...

LE MARGRAVE.
Je ne comprends pas.

MADEMOISELLE CLAIRON.
Cet infâme Dubois... je p... le d..... vient de faire un faux serment en ju...., pour nier une dette qu'il avait contra....

L'ABBÉ, avec déd...
C'est un maladroit !

MADEMOISELLE CLAIRON.
N'est-ce pas, l'abbé ?... La Comédie entière indignée, s'est cotisée afin de payer pour le fripon ; mais elle a décidé que nous ne devions plus paraître en public à côté d'un homme qui avait manqué à l'honneur !... et comme il jouait dans le *Siége de Calais*... point de *Siége de Calais* !...

MARMONTEL.
Mauvaise tête !... je parie que cela vient de vous !

MADEMOISELLE CLAIRON, déclamant.
C'est toi qui l'as nommé !... Oui, messieurs, moi, Claire-Hippolyte de Latude, qui ne puis souffrir l'état d'abjection dans lequel nous vivons, et qui veux réhabiliter les comédiens

en faisant justice de ceux qui les déshonorent!...

LE MARGRAVE.
Voilà mes trois loges perdues!

L'ABBÉ, à mademoiselle Clairon.
Prenez garde! ce Dubois est protégé...

MARMONTEL.
Il a une très jolie fille.

L'ABBÉ.
A laquelle les gentilshommes de la Chambre trouvent de grandes dispositions!

MADEMOISELLE CLAIRON, fièrement.
Pour quel emploi, l'abbé?

MARMONTEL.
Vous vous ferez encore des ennemis...

L'ABBÉ.
On publiera une nouvelle histoire de Frétillon!

LE MARGRAVE.
Frétillon! sacrilége! osez-vous appeler Préf... connait-on l'auteur de ce vil pamphlet?

MADEMOISELLE CLAIRON.
Un malheureux...

L'ABBÉ.
Le chansonnier Gaillard.

LE MARGRAVE.
Si je rencontre jamais ce gaillard-là!...

MARMONTEL.
Il a déjà reçu une bonne leçon.

MADEMOISELLE CLAIRON.
Comment cela?

MARMONTEL.
Ne le savez-vous pas? hier, il était au café; à son nom prononcé par hasard... un jeune homme que personne ne connaissait, s'avance vivement, le coudoie, lui marche sur le pied!... la querelle s'échauffe... le mot de Frétillon prononcé par le jeune homme est suivi d'une provocation si bruyante, que le pauvre Gaillard est forcé d'aller sur le terrain! votre défenseur reçoit un coup d'épée au bras!...

MADEMOISELLE CLAIRON, émue.
Et l'on prétend que le ciel est juste!

MARMONTEL.
Ce n'était rien... une égratignure! mais au même instant votre ennemi avait la main traversée... il ne pourra pas tenir la plume de trois mois!

MADEMOISELLE CLAIRON.
Bon jeune homme!... s'exposer pour moi... sans me connaître... uniquement parceque je suis femme, outragée!... Marmontel, tâchez donc de savoir son nom...

LE MARGRAVE.
Malheureusement, je suis forcé de convenir que ce n'est pas moi!

MADEMOISELLE CLAIRON.
Vous n'avez pas besoin de le jurer, margrave... (A elle-même.) Ce jeune homme doit être aimable, spirituel...

L'ABBÉ, aux autres.
Allons, il n'en faut pas davantage...

LE MARGRAVE, bas à Marmontel.
Qu'est-ce que vous aviez besoin de lui parler de ça?

MADEMOISELLE CLAIRON.
Si je le connaissais! et je le connaîtrai... quand je veux quelque chose...,

L'ABBÉ.
Elle le veut bien, je vous le garantis!... croiriez-vous que cette petite femme-là s'est mise en tête de lutter avec la Sorbonne?

LE MARGRAVE.
Bah!

MADEMOISELLE CLAIRON.
Certainement!... il s'agit de l'excommunication des comédiens! de savoir si décidément nous serons damnés à tout jamais! j'ai fait faire un Mémoire... qu'en pense Sa Majesté, l'abbé?

L'ABBÉ.
Je ne crois pas que Sa Majesté l'ait lu... mais il a été brûlé ce matin au bas du grand escalier!...

LE MARGRAVE.
Diable!... ils ont pris l'affaire chaudement!

MADEMOISELLE CLAIRON.
Brûlé!...

MARMONTEL.
Symbole des flammes éternelles qui vous sont réservées.

MADEMOISELLE CLAIRON, avec colère.
Quelle indignité!

LE MARGRAVE.
Quelle barbarie! brûler des comédiennes! passe pour les comédiens... que l'on brûle Dubois!... (Levant l'index et s'apercevant du jeu de mots.) Oh!!!

MADEMOISELLE CLAIRON.
Mais je ne me tiens pas pour battue! je remuerai ciel et terre!... ah! nous verrons, messieurs!...

Air d'Heudier.

Pour vos plaisirs, pour vos caprices
Si nous nous damnons ici-bas,
De nos péchés, vous, les complices,
Méprisez-nous... mais ne nous brûlez pas!...,
Laissez-nous du moins la prière
Comme un refuge auprès de l'Éternel,
Et songez bien, ô puissants de la terre,
Que Dieu lui seul peut disposer du ciel.

MARMONTEL.
Elle a raison!

LE MARGRAVE.
Parbleu!

MADEMOISELLE CLAIRON.
Allons, mon cher abbé, vous qui devez avoir du crédit là-haut... voyons, soyez gentil... Sauvez-nous! sauvez-moi... est-ce que je n'en vaux pas la peine? hein?

L'ABBÉ, riant.
Hum! charmante réprouvée! il serait bien

plus facile de se damner avec vous!... eh! eh! eh!...

LE MARGRAVE.
Oh! oh! où allez-vous, monsieur l'abbé?

MADEMOISELLE CLAIRON, le regardant et se mettant à sa toilette pour se défaire de sa coiffure.
Vous vendez cher vos indulgences! je chercherai un autre sauveur!

L'ABBÉ, malignement.
Qui?... M. de Saint-Paul? cet officier de cavalerie...

LE MARGRAVE, jaloux.
Un officier de cavalerie?...

MADEMOISELLE CLAIRON, un peu émue.
Quelle sottise!... je conviens qu'il n'est pas mal... mais le distinguer!... l'aimer!... d'abord, j'y serais disposée qu'il y aurait un obstacle invincible!... il m'a été présenté le 13 du mois, mon jour de fatalité!... et un vendredi encore!

L'ABBÉ.
Ah! ah! toujours superstitieuse!

MARMONTEL.
Vous!...

LE MARGRAVE.
Ne raillez pas, messieurs... en Allemagne, nous croyons aux présages... nous voyons des esprits partout.

MARMONTEL, le saluant.
Nous ne sommes pas si heureux en France, monseigneur!...

LE MARGRAVE, à part.
Pourquoi dit-il ça?

MADEMOISELLE CLAIRON.
D'ailleurs, ce jeune homme... je lui ai défendu ma porte, je ne reçois personne.

LE MARGRAVE, lui baisant la main.
Je comprends, c'est à cause de moi...
(En ce moment, la porte du cabinet où est Saint-Paul s'ouvre doucement.)

SAINT-PAUL, à part, les apercevant.
Ouf!...
(Il la referme aussitôt.)

L'ABBÉ, qui n'a aperçu que son bras.
Oh! elle ne reçoit personne! (Bas Marmontel.) J'ai aperçu une manche d'uniforme.

MARMONTEL, bas.
Bon!

L'ABBÉ, bas à Marmontel.
Je parie qu'on va nous renvoyer.

MADEMOISELLE CLAIRON.
Ah çà! messieurs, j'espère que vous allez me laisser un moment.

L'ABBÉ, bas et en riant.
Qu'est-ce que je disais! (Haut.) C'est trop juste...

SCÈNE V.
LES MÊMES, FRANÇOISE.

FRANÇOISE.
Madame, madame... M. Roselly demande à vous parler sur-le-champ.

MADEMOISELLE CLAIRON.
Roselly! notre semainier! faites entrer.

MARMONTEL.
Qu'y a-t-il donc?

L'ABBÉ.
Encore un événement!

SCÈNE VI.
LES MÊMES, ROSELLY.

ROSELLY.
Victoire! ma chère Clairon... nous l'emportons! Ah! messieurs, mille pardons... *Grandes doctores doctrinæ*... *de la rhubarbe et du séné*... C'est du *Malade imaginaire*!...
(Il salue à droite et à gauche et puis au milieu; les trois saluts du théâtre. Les autres les lui rendent.)

MADEMOISELLE CLAIRON.
Qu'est-ce donc, Roselly?

ROSELLY.
Une nouvelle admirable, inespérée! rien n'est changé... le spectacle tient, nous jouons *le Siège de Calais*.

TOUS.
Est-il possible!

LE MARGRAVE.
Je rentrerais dans mes trois loges!...

ROSELLY.
« Remettez-vous, monsieur, d'une alarme si chaude. »

L'ABBÉ.
Par quel miracle?

MADEMOISELLE CLAIRON.
Explique-nous.

ROSELLY.
Un prodige!... Le malheureux Dubois, se voyant repoussé, abandonné, reste seul sur le théâtre...
« Que vouliez-vous qu'il fît contre trois?... »

MADEMOISELLE CLAIRON, riant.
Il est mort?

ROSELLY.
Non; il s'est retiré en disant qu'il se trouvait indisposé, et qu'on ne comptât pas sur lui!...

MADEMOISELLE CLAIRON, triomphante.
Ah! voyez-vous ce que c'est que de montrer du caractère!...

ROSELLY, la montrant.
« Des chevaliers français... »

MADEMOISELLE CLAIRON, animée.
Je crois que je jouerai bien... ce premier triomphe m'électrise... Qui est-ce qui remplace Dubois?

ROSELLY.

C'est moi.

MADEMOISELLE CLAIRON.

Ah! mon pauvre Roselly... tu es bien mauvais... mais tu es un honnête homme!...

ROSELLY, lui serrant la main.

Merci, Clairon!... ce témoignage de ta part me flatte infiniment; mais je n'ai pas un moment à moi... il faut que je repasse ce maudit rôle... je n'en sais pas un traître mot... si j'allais manquer de mémoire...

MADEMOISELLE CLAIRON.

Ça t'arrive tous les jours...

ROSELLY.

Je sais bien... mais le public ne veut pas s'y faire... il me souffle quelquefois d'une manière très désagréable... mais, je les attends à ma grande tirade à effet !... (Il déclame.) Ta, ta, ta, ta...

« La gloire de mon roi
« Est un dépôt sacré dont j'aimais à répondre ;
« Si vous le retirez, j'en vais gémir à Loudre... »

Et je cours aux Français... Au revoir, messieurs. Ne te fais pas attendre, Clairon...

MADEMOISELLE CLAIRON.

Sois tranquille...

(Roselly sort en courant.)

SCÈNE VII.

Les Mêmes, excepté ROSELLY.

LE MARGRAVE, à part.

Ça me déplaît qu'elle tutoie ce comédien, et que ce comédien la tutoie !...

MADEMOISELLE CLAIRON, appelant Françoise.

Vite, vite, Fatime... à ma toilette!... dites qu'on mette les chevaux... Messieurs, nous souperons un peu plus tard... je vous mets à la porte.

LE MARGRAVE, qui s'est assis dans un coin.

Oh! très bon! très bon!... nous allons être seuls!...

MADEMOISELLE CLAIRON.

Vous m'avez entendue, margrave?... allons allons, partez...

LE MARGRAVE.

Il faut que je m'en aille aussi?...

MADEMOISELLE CLAIRON, le faisant marcher.

Cette question... Est-ce que vous êtes ma femme-de-chambre?...

LE MARGRAVE, suppliant.

Plût au ciel!... oh! oh! pardon de ce mot un peu libre... mais, c'est que j'ai à vous parler...

MADEMOISELLE CLAIRON.

Toujours pour la même chose, n'est-ce pas?...

LE MARGRAVE, soupirant.

Oui !...

MADEMOISELLE CLAIRON, l'imitant.

Vous voulez m'emmener à Anspach ?...

LE MARGRAVE.

Oh! oui!

MADEMOISELLE CLAIRON, le poussant toujours.

Eh bien! quand je prendrai ma retraite, je ne dis pas... nous verrons...

LE MARGRAVE, enchanté.

Vrai!... j'attendrai...

ENSEMBLE.

Air de Musard.

LE MARGRAVE, à part.

Pour moi, ce matin, quelle est bonne !
Elle a dit : « Ce soir... » C'est fini !...
C'est un rendez-vous qu'on me donne :
Je crois qu'elle m'aime aujourd'hui.

MADEMOISELLE CLAIRON.

Allons, monsieur, je suis trop bonne,
Faut-il en abuser ainsi...
Allez-vous-en, je vous l'ordonne,
C'en est assez pour aujourd'hui.

MARMONTEL ET L'ABBÉ.

Pour vous elle est vraiment trop bonne ;
Faut-il en abuser ainsi !
Venez, mon cher, on vous l'ordonne,
C'en est assez pour aujourd'hui.

(Ils sortent.)

SCÈNE VIII.

Mlle CLAIRON, seule.

C'est bien heureux!... ah! que j'ai le monde en horreur!... pourquoi m'obséder sans cesse de leurs railleries sur ce pauvre jeune homme!... si je l'aimais, après tout, qu'est-ce que ça leur ferait?... je ne l'aimerai pas, oh! non!... parceque... (en confidence.) parceque je l'aimerais trop, je crois ! cela me fait peur!... (Elle va du côté de la fenêtre.) Je n'ose plus paraître à cette fenêtre, depuis qu'il s'est logé en face... il est toujours là... (regardant.) tiens!.. il n'y est pas!... c'est très joli... voilà bien ces messieurs ! ils vont toujours sur vos pas, ils vous suivent partout!... il semble que... et puis au moindre mot, on ne les voit plus, ils se découragent tout de suite. Eh bien!... tant mieux je serai forcée de l'oublier!...

(Elle va à la table.)

SCÈNE IX.

Mlle CLAIRON ; SAINT-PAUL, entr'ouvrant la porte du cabinet, puis FRANÇOISE.

SAINT-PAUL, bas.

Je n'entends plus personne.

(Mademoiselle Clairon a pris la sonnette.)

SAINT-PAUL, la voyant.

Elle est seule !... (Haut et timidement.) Mademoiselle...

(Le coup de sonnette est parti.)

MADEMOISELLE CLAIRON, *l'apercevant, et laissant tomber la sonnette.*

C'est lui !...

(Françoise paraît au fond. — Saint-Paul referme brusquement la porte sur lui.)

FRANÇOISE.

Madame a sonné ?...

MADEMOISELLE CLAIRON, *saisie.*

Moi ?... non... je ne sais... cette sonnette que j'ai accrochée... en passant... (*Élevant la voix.*) Préparez ma toilette... non... pas là... dans le boudoir...

FRANÇOISE.

Et je viendrai vous avertir...

MADEMOISELLE CLAIRON, *voyant que la porte fait un mouvement.*

Non... non... je vous sonnerai !... allez... (Françoise sort.) Il faut bien tâcher de le ramener à la raison !... (*La porte s'ouvre, Saint-Paul paraît.*) Quoi ! monsieur, vous étiez là ?

SAINT-PAUL, *tremblant.*

Hélas ! oui, madame...

Air du vaudeville du Baiser au Porteur.

Comme un malfaiteur qui, dans l'ombre,
Ourdit de coupables projets
Et recule devant le nombre...
Ils étaient là... moi, je tremblais !...
Ils sont partis, et je parais,
Mais pour me livrer, pour me rendre...
Car je sens doubler mon effroi
Depuis qu'ici, pour vous défendre,
Vous êtes seule contre moi...

MADEMOISELLE CLAIRON, *à part.*

Quelle audace !... (*Haut.*) Malgré ma défense... oser vous introduire !...

SAINT-PAUL.

Personne ne m'a vu... excepté Françoise...

MADEMOISELLE CLAIRON.

Excepté toute ma maison !... dont je vais devenir le jouet... grâce à vous, monsieur !...

SAINT-PAUL, *désolé.*

Oh ! mon Dieu ! il serait possible ! vous avez raison... madame... je suis un fou !... un insensé !...

MADEMOISELLE CLAIRON.

Plus bas !... je vous en prie !... c'est une véritable persécution... ne pouvoir plus faire un pas...

SAINT-PAUL.

J'avais à vous parler...

MADEMOISELLE CLAIRON, *haussant les épaules.*

Pour me répéter... que vous m'aimez, que vous m'adorez, hé ! bon Dieu ! je sais tout cela par cœur... en vers comme en prose...

SAINT-PAUL.

Non, madame... je ne viens vous déclarer qu'une seule chose !... c'est que ne pouvant plus vivre sans vous...

MADEMOISELLE CLAIRON.

Qu'est-ce que je vous disais !...

SAINT-PAUL.

Vous avez repoussé mon amour, l'amour le plus vrai que vous ayez jamais inspiré... je vous en sais gré... vous avez cru que ce n'était qu'un de ces hommages futiles et passagers... que le cœur désavoue... et qui déshonore également celui qui l'offre et celle qui l'accepte... désabusez-vous... c'est le titre d'époux que je réclame, que je vous demande à genoux !... c'est ma main que je vous supplie d'accepter...

MADEMOISELLE CLAIRON, *émue.*

Votre main !... mais, vous n'y pensez pas, monsieur...

SAINT-PAUL, *vivement.*

J'ai un frère aîné qui doit recueillir les biens et les titres de mon père... je le sais... mais nous nous retirerons chez un bon oncle dont je suis le seul héritier, et dont la fortune me permet d'assurer à ma femme un sort digne d'elle... là, au fond de l'Auvergne, dans le plus beau pays de la terre, vous n'aurez pas chaque soir cette foule empressée de vous admirer... cet essaim de flatteurs dont les fades compliments sont souvent aussi faux que leurs visages !... mais de vrais amis des cœurs dévoués... une famille qui vous chérira d'autant plus qu'elle connaîtra davantage votre âme noble et bonne... votre esprit élevé... un amant... un mari, toujours là, près de vous... occupé à deviner, à prévenir vos moindres vœux !... il ne tiendra qu'à vous de vous croire encore souveraine et au milieu de vos sujets !...

MADEMOISELLE CLAIRON, *attendrie et à part.*

Ah ! comment ne pas être touchée ! (*Haut.*) Monsieur de Saint-Paul... une pareille proposition, à laquelle j'étais si loin de m'attendre...

SAINT-PAUL.

Vous consentez ?

MADEMOISELLE CLAIRON.

Mais j'en serais indigne si je l'acceptais !

SAINT-PAUL.

Que dites-vous !

MADEMOISELLE CLAIRON.

Non que je me croye au-dessous du rang que vous m'offrez !... mais je sais le sort réservé aux comédiennes qui profitent d'un moment de passion pour s'allier à de grandes familles ! on les punit par le blâme... leurs camarades se vengent par des sarcasmes... le monde les repousse, et leur époux lui-même, éclairé par le mépris dont on les couvre...

SAINT-PAUL.

O ciel ! vous pourriez penser... c'est un prétexte... c'est que vous me haïssez !...

MADEMOISELLE CLAIRON, *vivement.*

Non ! mais je vous parle raison... contre mon habitude, et vous ne devriez pas m'obliger à en avoir pour deux ! (*Lui prenant le bras avec amitié.*) Saint-Paul, mon ami... revenez à vous !... (*Voyant qu'il fait un petit geste de douleur du bras qu'elle a touché.*) Qu'avez-vous ?

SAINT-PAUL, s'efforçant de sourire.
Rien ! rien !

MADEMOISELLE CLAIRON.
Si... vous avez pâli ! vous souffrez ? (Se précipitant et relevant la manche qui découvre un mouchoir noir.) Que vois-je ? vous êtes blessé ?

SAINT-PAUL, avec embarras.
Non...

MADEMOISELLE CLAIRON.
Cette querelle dans un café.... c'était vous, c'était vous! vous qui exposiez vos jours pour moi !

SAINT-PAUL.
Qu'importe ! je croyais défendre mon bien ! plût au ciel qu'il m'eût tué !

MADEMOISELLE CLAIRON, les larmes aux yeux.
Et ne pouvoir payer tant d'amour, tant de dévouement ! Ah ! si vous pouviez lire ce qui se passe dans mon ame !..

SAINT-PAUL, la regardant.
Dieu ! vous êtes émue... troublée... (Avec transport.) Ah ! vous allez céder à mes prières... vous allez me nommer votre époux !

MADEMOISELLE CLAIRON, le regardant avec tendresse.
J'en serais fière... (avec tendresse.) mais je ne le puis.

SAINT-PAUL.
Comment ?

MADEMOISELLE CLAIRON.
Jugez-en vous-même... (Tirant une lettre de son sein.) Connaissez-vous cette écriture ?

SAINT-PAUL, étonné.
Celle de mon père !

MADEMOISELLE CLAIRON.
Lisez...

SAINT-PAUL.
C'est à vous qu'elle est adressée ! comment se fait-il ?..

MADEMOISELLE CLAIRON.
Lisez, vous dis-je !

SAINT-PAUL, lisant d'une voix émue.
« Mademoiselle,
« On vous dit aussi bonne que jolie ! c'est à
« vous que j'ai recours dans le chagrin le plus
« cruel qui puisse frapper un père !... Mon fils
« aîné, par une conduite indigne de son nom,
« se couvre de honte ! Le chevalier de Saint-
« Paul, mon second fils, était ma seule conso-
« lation, et voilà qu'un amour insensé menace
« encore de me l'enlever ! — Je sais que loin
« d'encourager cet amour vous le blâmez hau-
« tement ! — Aussi c'est à votre cœur généreux
« que je me confie... c'est à vous, mademoi-
« selle, que je veux devoir mon fils, l'honneur
« et le seul appui de mes dernières années ! »
(Moment de silence. Saint-Paul essuie une larme.)

MADEMOISELLE CLAIRON, reprenant sa lettre.
Eh bien ! puis-je tromper la confiance d'un vieillard, d'un père ?

MADEMOISELLE CLAIRON.

SAINT-PAUL.
Ah ! c'est qu'il ne vous connaît pas ! mais dès qu'il vous aura vue...

MADEMOISELLE CLAIRON, vivement.
Assez, assez, monsieur de Saint-Paul, je ne dois plus vous entendre...

SAINT-PAUL.
Rien ne peut donc vous fléchir !... (Avec désespoir.) Ah ! je me tuerai !

MADEMOISELLE CLAIRON.
Allons donc !

SAINT-PAUL.
Je me tuerai, vous dis-je !..

MADEMOISELLE CLAIRON.
Il n'y a pas d'amant qui ne se tue régulièrement trois ou quatre fois par an !

SAINT-PAUL.
Ah ! ce n'est point une vaine menace, je me tuerai ! alors, peut-être vous vous repentirez de votre cruauté... car mon souvenir ne vous quittera plus... jour et nuit mon image sera là... près de vous !..

MADEMOISELLE CLAIRON, avec une teinte d'effroi.
Ah ! ne parlez pas de ça, je vous en prie... vous allez m'empêcher de dormir... moi qui ai une peur des revenants !

SAINT-PAUL, plus pressant.
Eh bien ?

MADEMOISELLE CLAIRON, écoutant.
Chut !.. on parle dans le petit salon ! — Ils vont venir. — (Vivement.) Éloignez-vous, je vous en conjure !..

SAINT-PAUL.
Pas avant que vous ne m'ayiez permis de vous revoir... il me faut une réponse...

MADEMOISELLE CLAIRON.
Eh bien ; je vous le promets... mais partez...

SAINT-PAUL.
Je vous reverrai...

MADEMOISELLE CLAIRON.
Sans doute... mais partez vite !...

SAINT-PAUL, embarrassé.
De quel côté ? (montrant le fond.) ils vont me rencontrer...

MADEMOISELLE CLAIRON.
Là... par cette petite porte !...

SAINT-PAUL.
Il suffit.
(Il ouvre la porte.)

ENSEMBLE.
Fragment de l'Ambassadrice.

SAINT-PAUL.
Je m'en vais,
Je pars... mais
Songez à votre promesse :
A bientôt, n'est-ce pas ?
Car pour mon cœur le temps presse...
Je pars, je pars... de vous revoir
J'emporte ici le doux espoir !

MADEMOISELLE CLAIRON.
Allez donc...

Mais c'est loin,
N'avez-vous pas ma promesse?
Mais, pour Dieu! parlez bas,
Ça pressez, car le temps presse.
Portez, partez, ce me revoir,
Si vous voulez garder l'espoir,
(Elle ferme la porte.)

MADEMOISELLE CLAIRON, seule.
Ah! je suis toute bouleversée!

SCÈNE X.
Mlle CLAIRON, LE MARGRAVE, puis FRANÇOISE.

LE MARGRAVE, passant la tête à la porte du fond.
Peut-on entrer?...

MADEMOISELLE CLAIRON, impatientée.
Encore vous, margrave! mais que voulez-vous donc?...

LE MARGRAVE.
Vous dire que voici bientôt l'heure du spectacle et que (Il la regarde.) Ah! mon Dieu! vous n'êtes pas plus avancée que cela! qu'est-ce que vous avez donc fait depuis une heure?

MADEMOISELLE CLAIRON, brusquement.
De quoi vous mêlez-vous? est-ce que cela vous regarde?...

LE MARGRAVE.
Non... mais...

MADEMOISELLE CLAIRON.
Mais vous m'agacez les nerfs! Tenez-vous là dans un coin et que je ne vous entende pas.

LE MARGRAVE, s'asseyant près de la toilette.
Drôle de femme!

MADEMOISELLE CLAIRON, agitée.
Ah! mon Dieu!... qu'est-ce que je cherche donc?... je n'en sais plus rien!...

LE MARGRAVE, à part.
Elle repasse son rôle...

MADEMOISELLE CLAIRON, à part.
Se battre pour moi!... qui me traitait si mal!...

LE MARGRAVE, à part.
Elle a des larmes dans la voix!...

MADEMOISELLE CLAIRON.
Je ne serai jamais prête! (Appelant.) Françoise! Fatime!...

LE MARGRAVE, se levant.
Fatime! Fatime!

MADEMOISELLE CLAIRON, à Françoise qui paraît.
Pourquoi ne pas me prévenir?

FRANÇOISE, au fond.
Main'selle m'avait dit qu'elle me sonnerait.

MADEMOISELLE CLAIRON.
Vous êtes d'une maladresse... Mettez le costume d'Alzire dans la corbeille...

LE MARGRAVE, se levant.
Qu'est-ce que vous dites donc, ma belle... vous ne jouez pas Alzire?...

MADEMOISELLE CLAIRON, sèchement.
Qui est-ce qui vous parle?

LE MARGRAVE, se rasseyant.
Personne! (A lui-même.) On n'a jamais traité une puissance étrangère...

MADEMOISELLE CLAIRON.
Au fait... qu'est-ce que je joue donc?... je n'ai plus la tête à moi!... Qu'est-ce que je joue, margrave? répondez-donc!...

LE MARGRAVE, d'un air piqué et sans se retourner.
Le siége de Calais.

MADEMOISELLE CLAIRON.
Ah! oui! (A Françoise.) Le costume du Siége de Calais! Marianne le portera à ma loge... Vous resterez ici... Ne laissez entrer personne... Donnez de nouveaux ordres au portier... ce jeune officier je ne veux plus le voir...

SCÈNE XI.
LES MÊMES, L'ABBÉ, puis MARMONTEL.

L'ABBÉ.
Eh bien! eh bien! sommes-nous prêts; il y a déjà une foule...

MADEMOISELLE CLAIRON, distraite.
Voilà... (Se rapprochant de sa toilette.) Otez-vous donc de là, margrave, vous me gênez.

LE MARGRAVE, se levant.
Je n'aurai plus un endroit pour reposer ma tête.

MADEMOISELLE CLAIRON, mettant des mouches.
Qu'êtes-vous donc devenu, l'abbé? quelque rendez-vous galant?...

L'ABBÉ.
Oui, chez le lieutenant de police! une affaire qui vous concerne un peu...

MADEMOISELLE CLAIRON.
Moi!...

L'ABBÉ.
Ce chevalier de Saint-Paul dont nous parlions tantôt...

MADEMOISELLE CLAIRON.
Comment!

L'ABBÉ.
Il paraît que sa famille a fait de vains efforts pour le ramener auprès d'elle et le soustraire au danger d'une passion...

MADEMOISELLE CLAIRON, sèchement.
C'est bon... je sais...

L'ABBÉ.
Un président à mortier, de ses parents, a pris la chose à cœur, et m'a prié d'avoir un ordre pour forcer ce jeune homme à quitter Paris.

MADEMOISELLE CLAIRON.
Et vous l'avez obtenu?...

L'ABBÉ.
Si vous vous y étiez intéressée, je me serais bien gardé... mais comme vous m'avez dit tantôt que vous ne l'aimiez pas... coffré dans une bonne chaise de poste et renvoyé au plus vite à ses dieux paternels!

ACTE I, SCÈNE XI.

MADEMOISELLE CLAIRON, à part.

Maudit abbé! heureusement qu'il est damné celui-là! son affaire est sûre.

MARMONTEL, accourant.

Hé vite! hé vite! ma belle, tous les acteurs sont prêts, vous n'avez plus que dix minutes pour vous habiller...

MADEMOISELLE CLAIRON.

Ah! mon Dieu! (A Françoise.) Mes gants, ma mante!... (A elle-même.) Pauvre jeune homme!... (Haut.) Je jouerai horriblement...

L'ABBÉ.

Prenez-y garde... il y a une file d'équipages.

MARMONTEL.

On dit que les princes y seront.

MADEMOISELLE CLAIRON.

Ça m'est égal... je suis malade à périr!

L'ABBÉ, se récriant.

Vous n'avez plus que huit minutes...

MADEMOISELLE CLAIRON.

Je serai à l'amende!... et ce sera le margrave qui en sera cause...

LE MARGRAVE.

Moi!

TOUS.

Air des Huguenots.

Allons, allons, partons bien vite,
On va commencer tout de suite;
Et pour trouver à { vous / nous } placer,
Il faut se presser.

(Ils sortent tous excepté Françoise.)

SCÈNE XII.

FRANÇOISE, seule.

Allons! me voilà seule jusqu'à neuf heures au moins... les spectacles finissent si tard à présent, ça vous fait coucher à toutes les heures! ... Ah! mon Dieu, j'oubliais les ordres au portier... (Allant à la fenêtre et comme si elle s'adressait au portier.) M. Cabuchet!... Dites-donc, mam' Cabuchet, est-ce que votre mari n'est pas à la loge?... ah! si, le v'là! Votre servante, M. Cabuchet... Merci... ça va comme ça! nous avons tant de travas dans notre état! jouer presque tous les jours... et des spectacles forcés! aussi nous sommes sur les dents!... Ah! je voulais dire... mam'selle m'a chargée, pour le jeune homme en question... vous savez l'officier... ni pour or, ni pour argent... il n'y a personne... (Poussant la fenêtre.) Là, comme ça, s'il parvient à s'introduire... il sera bien fin... Eh bien ... j'en suis fâchée... car il était gentil... (Le jour a un peu baissé.) Tiens!... on n'y voit plus... (Allant appeler au fond.) Bernard... Bernard... donnez donc des ... (Un valet les lui apporte et se retire.) Je n'ais pas seule sans lumière pour un emménageons l'appartement. J'vas commencer par me reposer un peu... (elle se place au fauteuil de toilette.) car les jambes me rentrent. Ah! je suis pâle... (elle se met du rouge.) d'ailleurs, j'ai tout le temps... Pourvu que je ne m'endorme pas!... voilà tout ce qu'il faut!... mais j'y aurai l'œil.

SCÈNE XIII.

FRANÇOISE, dans le fauteuil; SAINT-PAUL, enveloppé d'un grand manteau et paraissant à la fenêtre qu'il entr'ouvre tout doucement. — Musique.)

SAINT-PAUL, à la fenêtre.

Les portes me sont fermées!... heureusement qu'à l'aide de la charmille j'ai pu parvenir jusqu'à ce balcon... C'est Françoise!... prenons garde...

FRANÇOISE, assoupie.

Plaît-il? quoi?... que je suis bête!... je croyais que mam'selle m'appelait... Marianne est plus heureuse que moi... elle accompagne madame au théâtre... elle jase avec les gardes-françaises, les moucheurs de chandelles; ça lui fait une société, tandis que moi... toujours sur pied!...

(Elle s'endort.)

SAINT-PAUL.

Elle s'endort!... que faire, maintenant?... comment l'instruire du danger qui me menace?... tout-à-l'heure il me semblait que deux hommes du lieutenant de police me suivaient... si l'on m'arrêtait chez elle!... quel scandale! c'est pour le coup qu'elle me détesterait!

FRANÇOISE, rêvant.

Une lettre pour mam'selle?... c'est bon, on la lui remettra...

SAINT-PAUL, l'écoutant.

Elle a raison!... écrivons-lui... un dernier mot qui décidera de ma vie.

(Il s'avance à la table qui est éclairée par les bougies. — La musique cesse.)

FRANÇOISE, rêvant.

Ah!... M. de Saint-Paul...

SAINT-PAUL, tressaillant.

Elle m'a vu!... non!...

FRANÇOISE, rêvant.

Il est bien aimable!...

SAINT-PAUL, à part, avant de s'asseoir.

Tous les désagréments possibles! cette vieille qui rêve de moi! (Prenant la plume.) Qu'elle connaisse ma dernière résolution! (Écrivant.) « On a surpris un ordre pour m'arracher d'auprès de vous! si j'en croyais des bruits odieux, « vous ne seriez point étrangère à cette mesure « inique... c'est une calomnie, n'est-ce pas?... (Écoutant.) Qu'entends-je?... (Écrivant.) « Vous « m'avez banni, il faut que je vous voie, son« gez-y bien; si à dix heures vous n'êtes point « chez moi, si votre présence ne vous justifie « pas... je vous le jure sur l'honneur, je n'y sur« vivrai point!..... j'échapperai à la haine « d'une ingrate... » (S'interrompant et écoutant au fond.) Je ne m'étais pas trompé!.. ce bruit dans la cour! (Il se lève et regarde.) Des flambeaux!.. on a découvert ma retraite, et les deux hommes qui me suivaient... (Revenant à la table.) Eh vite, cette lettre... là..., elle ne peut manquer de frapper sa vue...

FRANÇOISE, s'éveillant.

Tiens... c'est drôle... j'allais m'endormir.

SAINT-PAUL, à part.

Oh! cette vieille!..

(Il souffle la lumière et gagne la fenêtre.)

FRANÇOISE, poussant un cri.

Ah!.. sainte Vierge! qu'est-ce que c'est que ça?.. (Saint-Paul disparaît par la fenêtre; Françoise l'entre, voyant dans l'obscurité.) Miséricorde! ce grand fantôme qui se jette par la fenêtre!.. (Se frottant les yeux.) Non, non, c'est la fin de mon rêve... et le coup de vent qui a soufflé la lumière!.. (Bruit au dehors.) Quel tapage dans l'escalier!.. la voix de mam' selle..., le spectacle serait déjà fini?...

SCÈNE XIV.

FRANÇOISE, L'ABBÉ, MARMONTEL; Mlle CLAIRON, ROSELLY; COMÉDIENS et COMÉDIENNES, en costumes du *Siége de Calais*; puis LE MARGRAVE; DES VALETS, avec des flambeaux: ils arrivent tous en désordre.

CHOEUR.

Air de l'Ambassadrice.

Ah! c'est effroyable!
C'est abominable!
C'est épouvantable!
Quel trouble effrayant!
O chance fatale!
Jamais dans la salle
De pareil scandale,
D'affront si sanglant!

MARMONTEL.

Quelle scène!...

ROSELLY.

Quelle horreur!..., ne pas nous laisser ouvrir la bouche!

MADEMOISELLE CLAIRON, se jetant dans un fauteuil.

Ah! je suis morte... mon flacon... ma cassolette...

L'ABBÉ.

C'est votre faute!

TOUS.

Non! non!...

MARMONTEL.

La toile était levée... vous deviez jouer par respect pour le public...

LE MARGRAVE, entrant tout effaré, la perruque de travers, les manchettes déchirées.

Elle a eu raison... elle a eu raison... je ne sais pas pourquoi elle n'a pas voulu paraître... mais elle a eu raison!...

TOUS LES COMÉDIENS.

Oui! oui!...

L'ABBÉ, riant avec les autres.

Eh! bon Dieu! margrave, comme vous voilà fait!..

LE MARGRAVE.

Ne m'en parlez pas... ils m'ont bousculé... j'ai perdu mon épée, mon chapeau...

MADEMOISELLE CLAIRON, se levant, avec force.

On m'aurait tuée plutôt que de me forcer à me montrer avec ce Dubois... qui a l'audace de se trouver là, en costume, au moment de commencer! et les gentilshommes de la chambre qui le soutiennent!

MARMONTEL.

L'auteur avait réclamé, Roselly n'était pas sûr de son rôle...

MADEMOISELLE CLAIRON.

Roselly devait me prévenir.

ROSELLY.

Mais, je n'en savais rien... nous nous trouvions deux!...

LE MARGRAVE.

Dubois devait sortir!...

MADEMOISELLE CLAIRON.

Roselly devait entrer!

LES COMÉDIENS.

Oui... oui!...

L'ABBÉ.

Tout ce que vous voudrez... mais l'ouvrage devait être représenté!

ROSELLY.

J'avais pourtant fait mes trois saluts et mon annonce, je tenais bon... j'ai dit cinq fois: *Messieurs!*...

LE MARGRAVE.

Oui, je l'ai entendu... il a dit: *Messieurs*... par exemple, il n'a dit que cela.

ROSELLY.

Parbleu... les sifflets sont partis... j'ai cru que j'avais joué mon rôle.

LE MARGRAVE.

Et ce tapage... (frappant.) pan, pan, pan!.. (Criant comme le parterre:) Calais! Calais! des excuses!...

ROSELLY, de même.

Clairon! Clairon! au For-l'Évêque!...

MARMONTEL.

Ils escaladent le théâtre...

ROSELLY.

Nous n'avons eu que le temps de nous sauver par une porte de derrière...

LE MARGRAVE.

J'ai vu le moment où j'étais écharpé! il y en avait un... un clerc de la Basoche, qui s'était acharné sur ma perruque... il paraît que j'ai un faux air de M. Le Kain!..

L'ABBÉ.

Mais les suites de tout cela!...

MADEMOISELLE CLAIRON revient du fond.

Mon parti est pris: jamais je ne reparaîtrai, je quitte le théâtre.

ACTE I, SCÈNE XIV.

TOUS, excepté le margrave.
Comment ?

MADEMOISELLE CLAIRON.
Oui, messieurs ! (A part.) Peut-être est-ce la destinée qui me rapproche de lui !...

LE MARGRAVE, à part.
Oh ! très bon ! très bon ! elle veut venir à Anspach.

L'ABBÉ.
Vous n'y pensez pas !

MADEMOISELLE CLAIRON.
Qu'ils cherchent une Médée et une Sémiramis où ils voudront ; je ne reparaîtrai plus....

MARMONTEL.
Le roi se fâchera...

LE MARGRAVE, d'un air majestueux.
Eh bien ! je déclarerai la guerre au roi de France !...

L'ABBÉ, le regardant.
Monsieur le margrave...

LE MARGRAVE.
Hein !

L'ABBÉ, froidement.
Vous avez votre perruque de travers...

LE MARGRAVE, la remettant de l'autre côté.
Ça m'est égal...

MADEMOISELLE CLAIRON, allant à la table.
Je vais écrire à M. de Richelieu... et sur-le-champ !...

ROSELLY, déclamant.
De fait... ma sœur Parthe, en nous perçant le cœur !—

MADEMOISELLE CLAIRON, près de la table et à part.
Que vois-je ?... une lettre !... il est donc venu en mon absence ?...

MARMONTEL, à l'abbé.
Premier mouvement d'humeur.

L'ABBÉ.
Sans doute.

LE MARGRAVE.
Qu'est-ce qu'elle lit donc là ?... est-ce qu'elle ne viendrait plus à Anspach ?...

MADEMOISELLE CLAIRON, à part, lisant la lettre.
Le malheureux ! que dit-il..... si à dix heures... ah ! j'y cours... j'y cours ! un insensé... qui est capable de tout...
(Elle va pour sortir.)

LE MARGRAVE.
Vous sortez.

MADEMOISELLE CLAIRON, troublée.
Je reviens dans l'instant...

LE MARGRAVE.
Voulez-vous mon bras ?...

MADEMOISELLE CLAIRON.
Hé ! non, monsieur... laissez-moi ! (A elle-même.) Pas une minute à perdre !...

SCÈNE XV.
LES MÊMES, UN EXEMPT, GARDES.

L'EXEMPT.
Au nom du roi, je viens arrêter mademoiselle Clairon.

TOUS, avec effroi.
L'arrêter !

MADEMOISELLE CLAIRON, troublée.
Moi, monsieur !

L'EXEMPT.
J'ai ordre de vous conduire au For-l'Évêque.

TOUS.
Au For-l'Évêque !

MARMONTEL.
Voilà ce que je craignais.

L'ABBÉ.
Monsieur, suspendez un moment, je vais courir...

L'EXEMPT.
Mes ordres sont précis.

LE MARGRAVE, fièrement.
Elle n'ira pas... elle n'ira pas !

L'EXEMPT, le toisant.
Monsieur est aussi un comédien ?

LE MARGRAVE, hors de lui.
Un comédien !.. moi !... Marmontel, prêtez-moi votre épée que je la passe au travers du corps de monsieur...

L'EXEMPT.
Rébellion ! (A ses gardes.) Conduisez monsieur à la Bastille.

LE MARGRAVE.
A la Bastille !.. un souverain étranger !

MADEMOISELLE CLAIRON, avec un trouble croissant et à l'exempt.
Non... non, monsieur... j'obéis... sans résistance... mais par grâce... par pitié ! accordez-moi un moment .. cinq minutes... laissez-moi... sortir...

L'EXEMPT.
Impossible.

MADEMOISELLE CLAIRON.
Vous m'accompagnerez, s'il le faut...

L'EXEMPT.
Impossible, vous dis-je... Je devais rendre compte de ma mission à dix heures, et les voilà qui sonnent...
(Musique et timbre de pendule.)

MADEMOISELLE CLAIRON, hors d'elle.
Dix heures !... ciel !... chaque instant de retard ! Monsieur, monsieur, je vous le demande à genoux..... une minute..... il y va de la vie !
(On entend un coup de feu, qui est censé partir de la maison en face de la fenêtre.—Mademoiselle Clairon pousse un cri.) Ah !...

TOUS.
Qu'est-ce donc ?

MARMONTEL.
Un coup de pistolet !

L'EXEMPT.
Cela part de la maison en face. (A un garde.) Courez voir.

MADEMOISELLE CLAIRON.
Le malheureux ! il m'a tenu parole !
(Elle tombe évanouie, tout le monde se précipite autour d'elle.—La toile baisse.)

ACTE SECOND.

Un riche salon dans le palais du margrave. Au fond, plusieurs portes donnant sur une galerie ; à droite et à gauche, portes latérales ; plusieurs tableaux, entre autres le portrait en pied de mademoiselle Clairon dans le rôle de Médée.

SCÈNE I.
LE MARGRAVE, assis ; MULHDORF, debout devant lui, puis UN HUISSIER.

LE MARGRAVE, *signant des papiers.*

Oui, mon cher Mulbdorf, mon conseiller intime, malgré les charmes de ma capitale, je suis forcé d'en convenir, Anspach est encore loin de Paris !.. Oh !.. Paris !.. quel peuple spirituel !.. et qu'auprès de lui vous me paraissez... (*à lui-même.*) je ne veux pas dire le mot... ça les désobligerait !.. (*Haut.*) Voilà un voyage qui m'a profité !

MULHDORF.

Vous leur avez enlevé une foule d'idées !

LE MARGRAVE.

Et la sublime Clairon !.. qui en se retirant du théâtre a bien voulu accepter un asile dans mes états.

MULHDORF, *à part.*

Toujours sa demoiselle Clairon.

LE MARGRAVE.

Quelle femme ! mon cher : c'est un conseil de ministres à elle seule... elle dirige tout... elle ordonne tout !..

MULHDORF, *à part.*

Dont j'enrage.

LE MARGRAVE.

Je ne me mêle plus de rien ! ce qui simplifie singulièrement l'art de régner.

MULHDORF.

Je n'ai point de conseil à vous donner, mon prince... mais une pareille confiance...

LE MARGRAVE.

Elle la mérite, Mulhdorf...

Air : Abonnés de l'Opéra-Comique.

Dans Carthage et dans Babylone,
Où c'est bien un autre mic-mac,
La main qui tint le sceptre et la couronne
Peut bien porter la houlette d'Anspach.
C'est un fuseau pour cette grande reine,
Sa forte tête en doit faire un jouet :
Vingt couronnes comme la mienne
Pourraient tenir sous son bonnet.
Il en tiendrait trente sous son bonnet ;
Il en tiendrait deux cents sous son bonnet.

UN HUISSIER, *annonçant.*

Les envoyés d'Anhalt, arrivés ce matin, font demander s'ils peuvent se présenter au lever de Son Altesse ?

LE MARGRAVE.

Au diable les affaires ! je ne veux pas recevoir.

MULHDORF, *à l'huissier.*

Monseigneur ne se lèvera pas aujourd'hui.

L'HUISSIER.

Mais....

LE MARGRAVE.

On leur fera dire quand je serai visible... (*L'huissier sort.—A Mulhdorf.*) et je ne le serai pas de long-temps pour eux !

MULHDORF.

Monseigneur, je n'ai point de conseil à vous donner... mais j'ai peur que vous ne fassiez une imprudence !..

LE MARGRAVE.

Comment ?..

MULHDORF.

En refusant de voir les envoyés de la princesse d'Anhalt, votre cousine ! elle a des droits sur votre margraviat, qu'elle consent à éteindre par un mariage.

LE MARGRAVE.

Un mariage ! j'ai d'autres idées...

MULHDORF, *à part.*

Il me fait frémir... pour la première fois de sa vie est-ce qu'il méditerait quelque chose ! (*Haut.*) Quoi ! mon prince, ce bruit qui circule sourdement... prétendriez-vous élever mademoiselle Clairon au rang de souveraine ?..

LE MARGRAVE.

Non, cela ferait crier la noblesse allemande. (*baissant la voix.*) mais je l'épouse secrètement, de la main gauche... le côté du cœur...

MULHDORF.

Ciel !..

LE MARGRAVE.

Tu ne peux pas comprendre ça... tu es trop... mais il y va de mon bonheur !.. c'est aujourd'hui qu'expire le délai d'une année qu'elle m'avait demandé... je ne sais pourquoi... je n'ai pas voulu la contrarier !.. elle n'y pense peut-être plus, elle, mais moi j'ai compté les minutes... et ce soir, pendant la fête que je donne au palais, la chapelle sera préparée.

MULHDORF.

Une fête...

LE MARGRAVE.

Vénitienne, napolitaine, bal masqué, illuminations, pour tâcher de la distraire un peu, car malgré l'apparence de l'enjouement, son regard est toujours inquiet, le moindre bruit la fait tressaillir ; j'ai consulté le médecin de la cour, qui m'a répondu que les Parisiennes étaient très nerveuses.

MULHDORF.

Et très bizarres! je vous demande un peu quelle invention, cet hôpital qu'elle a fait bâtir, qu'on appelle l'hôpital Clairon... comme si ces braves gens n'étaient pas aussi bien chez eux pour être malades!... et cette manie de diminuer les impôts; changer les habitudes du peuple qui est accoutumé à payer... ça va lui manquer, à ce pauvre peuple!... et ces fontaines... ces promenades...

LE MARGRAVE, sévèrement.

Monsieur de Mulhdorf...

MULHDORF, s'inclinant.

Pardon, mon prince, je n'ai pas de conseil à vous donner...

LE MARGRAVE.

Il m'en faut un, cependant, que diable! je ne t'ai nommé que pour cela. (Souriant.) Je meurs d'envie de me déguiser à ce bal, et j'hésite entre trois choses... *Berger Corydon*, *If de jardin*, ou *Pyramide d'Égypte*.

MULHDORF, réfléchissant.

Je pense que d'après l'élévation de votre rang... Pyramide d'Égypte est ce qui me parait le plus en rapport...

LE MARGRAVE.

Oui, c'est plus royal, et puis le costume doit être gracieux!... mais je voulais consulter ma petite maman.

MULHDORF.

Votre petite maman?...

Ah! j'en guette un petit de mon âge.
Eh quoi! madame votre mère?
Je la croyais morte.

LE MARGRAVE.

Mais c'est le nom
De la femme qui m'est si chère,
De cette adorable Clairon,
D'une amitié pleine de déférence
Ce petit nom peint bien le sentiment.

MULHDORF, à part.

Ah!.. l'appeler sa petite maman!...
Je crois qu'il retombe en enfance.

LE MARGRAVE, appelant.

Holà!... quelqu'un.

SCÈNE II.

LES MÊMES; UN OFFICIER DU PALAIS, paraissant au fond.

LE MARGRAVE.

Allez vous informer si mademoiselle Clairon est visible. (L'officier sort. — A Mulhdorf.) A propos, et la liste des invités?

MULHDORF.

La voici, mon prince... y mettrons-nous le comte de Revel?

LE MARGRAVE.

Qu'est-ce que c'est que ce comte de Revel?

MULHDORF.

Un gentilhomme étranger, arrivé de Russie, et qui est descendu à l'hôtel de la *Couronne*, avec équipage, nègre, chasseur!... mais un original qui ne voit personne... toujours seul, ne fréquentant que les promenades écartées... votre parc qu'il affectionne singulièrement. (Regardant par la fenêtre.) Hé! parbleu!... le voilà en contemplation devant vos cygnes et vos canards de Barbarie.

LE MARGRAVE.

Il paraît qu'il aime les beaux-arts.

MULHDORF, avec malice.

Beaucoup!... je me trouvais hier près de lui et il me faisait des questions sur mademoiselle Clairon.

LE MARGRAVE, flatté.

Ah! ah!...

MULHDORF.

Des questions fort indiscrètes même, et qui feraient supposer... qu'autrefois...

LE MARGRAVE.

Ce n'est pas vrai... c'est un impertinent! je ne veux pas qu'il se présente au palais; je vais le faire consigner. (A l'officier qui rentre.) Eh bien! mademoiselle Clairon?

L'OFFICIER.

Est sortie avant le jour, monseigneur...

MULHDORF.

Sortie...

LE MARGRAVE.

Avant le jour!

L'OFFICIER.

Seule, enveloppée d'une mante, et à pied.

MULHDORF.

Seule...

LE MARGRAVE.

A pied! (A l'officier.) Il suffit, laissez-nous... Je me rappelle effectivement, et je sais très bien...

(L'officier s'incline et sort.)

SCÈNE III.

LE MARGRAVE, MULHDORF.

LE MARGRAVE, en lui-même.

Je sais!... je sais!... c'est-à-dire que je ne sais rien du tout... et que je suis d'une inquiétude...

MULHDORF, éclatant.

Mon prince, je n'ai point de conseil à vous donner... mais dussé-je m'exposer à toute votre indignation... je vous ferai entendre la vérité.

LE MARGRAVE.

Ah!.. ah!... voici du nouveau.

MULHDORF, de même.

Vous êtes le plus grand prince de la terre!... l'esprit le plus éclairé de l'Allemagne... mais vous avez un défaut.

LE MARGRAVE.

Un défaut?..

MULHDORF.

Vous êtes trop généreux, trop magnanime!.. je sais que ce langage hardi me vaudra peut-être un exil...

LE MARGRAVE, avec bonhomie.

Non.

MULHDORF.

Mais vos fidèles serviteurs gémissent de vous voir le jouet de cette reine détrônée!

LE MARGRAVE, un peu ému.

Le jouet, moi!

MULHDORF.

Sa conduite mystérieuse, ses absences continuelles, dont elle ne vous rend aucun compte... les lettres qu'elle reçoit...

LE MARGRAVE, avec horreur.

Comment!..

MULHDORF.

Hier encore, au cercle de Votre Altesse, tandis que vous aviez le dos tourné, je l'ai vue tirer de son sein un billet qu'elle lisait avec agitation...

LE MARGRAVE, jaloux.

Un billet!

MULHDORF.

C'était un rendez-vous.

LE MARGRAVE, avec explosion.

C'est clair!.. je suis trahi! et moi qui ne m'apercevais pas! (Le serrant dans ses bras.) Ah! Mulhdorf, comment récompenser... j'ai envie de te donner une pension de douze cents florins.

MULHDORF, humblement.

Je n'ai pas de conseil à vous donner, mon prince, mais en remplissant mon devoir je me suis résigné à tout.

LE MARGRAVE.

La voici... je m'en vais la traiter!

MULHDORF, à part, avec joie.

Elle est perdue!

SCÈNE IV.

Les Mêmes, Mlle CLAIRON, Officiers du Palais, Valets.

MADEMOISELLE CLAIRON, à un officier.

Cette bourse à la maison des Orphelines. (A un autre.) Vous direz au chef de la police que la ville est très mal éclairée la nuit... (A un valet.) Ah! Wilhem, passez à la poste, et voyez si l'on m'a expédié de Paris ma polonaise et mes points d'Angleterre.

(Ils sortent.)

LE MARGRAVE, dans l'admiration.

Sans les points d'Angleterre j'aurais cru entendre Colbert ou Richelieu...

MULHDORF, bas.

Monseigneur!

LE MARGRAVE, bas.

C'est juste!.. j'oubliais que je suis furieux.. hum!

MADEMOISELLE CLAIRON, s'avançant.

C'est vous, mon cher margrave! hé! bon Dieu! qu'avez-vous, ce matin?.. (avec bonté.) seriez-vous indisposé?

LE MARGRAVE, souriant d'abord.

Du tout... près de vous, je suis toujours... (Poussé par Mulhdorf, froidement.) Hum! je me porte à merveille.

MADEMOISELLE CLAIRON, souriant.

Ce n'est qu'un peu d'ennui... je vois ce que c'est... vous causiez avec monsieur Mulhdorf.

LE MARGRAVE, d'un air composé.

Oui, madame... et à cette occasion, je vous demanderai de qui était la lettre que vous lisiez hier à la dérobée?

MADEMOISELLE CLAIRON.

Comment! mais c'est fort indiscret, ce que vous me demandez là, margrave... est-ce que je m'inquiète de ceux qui vous écrivent?

LE MARGRAVE, à Mulhdorf, un peu déconcerté.

C'est juste, au fait... elle ne me demande jamais... c'est moi qui suis dans mon tort.

MULHDORF, bas.

Et cette promenade nocturne?...

LE MARGRAVE.

Ah! oui.... je vous demanderai aussi, madame, comment vous êtes instruite que ma capitale est mal éclairée la nuit?

MADEMOISELLE CLAIRON, froidement.

Parce que je suis sortie.

LE MARGRAVE.

Cette nuit?

MADEMOISELLE CLAIRON.

Cette nuit.

MULHDORF, bas.

Elle en convient.

LE MARGRAVE.

Et où alliez-vous?

MADEMOISELLE CLAIRON, souriant.

Ah! ceci est encore plus indiscret, margrave!... en acceptant l'hospitalité que vous m'avez offerte, me suis-je donné un maître?.. ne m'avez-vous pas dit que j'étais libre de mes démarches... de mes volontés?

LE MARGRAVE, bas, à Mulhdorf.

C'est vrai... je lui ai dit cela... et je n'ai pas le droit...

MULHDORF, bas.

Parbleu! si vous l'écoutez, elle aura toujours raison.

LE MARGRAVE, bas.

C'est évident... et si elle ne s'explique pas, je vais lui signifier l'ordre de partir. (Il s'avance.) Madame...

MADEMOISELLE CLAIRON.

Au surplus, laissons ce débat, margrave... je viens vous faire mes adieux.

LE MARGRAVE, étourdi.

Vos adieux!... comment?... qu'est-ce que c'est?...

MADEMOISELLE CLAIRON.
Je quitte Anspach... je pars.
LE MARGRAVE, désolé.
Partir! m'abandonner!... moi... qui ne peux vivre sans vous; mais à quel propos? ça ne se peut pas... je m'y oppose.
MULHDORF, à part.
Le voilà désarçonné.
MADEMOISELLE CLAIRON.
Il le faut... pour vous-même.
LE MARGRAVE.
Bonté divine! mais qu'est-ce que vous voulez que nous devenions... moi et mes dix-sept mille âmes, qui vous aiment... qui vous bénissent.
MADEMOISELLE CLAIRON.
Il le faut, vous dis-je... puisque des soupçons offensants... (Regardant Mulhdorf.) J'ai ici de bons avis...
MULHDORF, embarrassé.
Madame a l'air de me considérer...
MADEMOISELLE CLAIRON.
Je ne vous considère pas, monsieur, je vous regarde.
LE MARGRAVE, à Mulhdorf.
Elle a raison... c'est toi qui es cause de tout..
MULHDORF.
Quoi! monseigneur?...
LE MARGRAVE, furieux.
Sors, malheureux... sortez.

ENSEMBLE.
Air du Domino.
LE MARGRAVE.
Oui, je dois punir son insolence,
J'entrevois ici son but secret.
Que nul ne résiste à sa puissance,
Et qu'à l'honorer chacun soit prêt!

MADEMOISELLE CLAIRON.
De grâce, oubliez son insolence
A lui pardonner mon cœur est prêt.
C'est assez, pour moi, que son offense
Trahisse à vos yeux son but secret.

MULHDORF.
Comment s'opposer à sa puissance...
Mais je garde encor l'espoir secret
D'arriver au jour de la vengeance.
Soyons patient, soyons discret.
(Il sort.)

SCÈNE V.
LE MARGRAVE, Mlle CLAIRON.

MADEMOISELLE CLAIRON, s'asseyant.
Calmez-vous, margrave.
LE MARGRAVE, animé.
Je le ferai jeter dans un château fort.
MADEMOISELLE CLAIRON.
Vous n'en avez pas.
LE MARGRAVE.
J'en ferai bâtir un.

MADEMOISELLE CLAIRON.
C'est inutile... je lui pardonne.
LE MARGRAVE.
Comme vous voudrez, ma petite maman... pourvu que vous restiez!... je ne vous ferai plus de questions... vous irez vous promener où bon vous semblera... je m'en soucie comme de ça!...
MADEMOISELLE CLAIRON.
A la bonne heure!... et maintenant, je vous dirai tout.
LE MARGRAVE.
Non.
MADEMOISELLE CLAIRON.
Je le veux. Vous connaîtrez enfin tous mes secrets. (Lui faisant signe de s'asseoir près d'elle.) Asseyez-vous, et vous me comprendrez.
LE MARGRAVE, s'asseyant.
J'y ferai tout mon possible.
MADEMOISELLE CLAIRON.
Vous vous rappelez cette journée terrible.... cette soirée du *Siège de Calais*...
LE MARGRAVE.
Je crois bien... c'est le seul siège auquel j'aie assisté!... 15 avril 1765... il y a juste un an....
MADEMOISELLE CLAIRON.
Vous vous rappelez aussi qu'au moment où l'on venait m'arrêter de par le roi... un coup de pistolet partit d'une maison voisine...
LE MARGRAVE.
Parbleu! je vous vois encore tomber évanouie, et moi sauter en l'air.
MADEMOISELLE CLAIRON.
Eh bien! un jeune homme de grande famille, qui m'aimait comme un insensé, un furieux, m'avait menacée de s'arracher la vie... ce jour-là même, à dix heures... si je ne me trouvais au seul, au dernier rendez-vous qu'il me donnait... et ce coup de feu... (se cachant la figure.) c'était lui qui me tenait parole!...
LE MARGRAVE, un peu inquiet.
Il s'était tué!
MADEMOISELLE CLAIRON.
Jugez de ma douleur, de mes regrets... malheureux Saint-Paul!... car je puis vous le dire, à vous, je l'aimais.
LE MARGRAVE.
Pauvre femme!... enfin il est mort, c'est un malheur... et vous n'en avez plus entendu parler?
MADEMOISELLE CLAIRON.
Au contraire... plus que jamais.
LE MARGRAVE.
Comment!
MADEMOISELLE CLAIRON.
Il me l'avait dit: (D'une voix sourde.) « Quand je ne serai plus, vous vous repentirez de votre cruauté... car mon souvenir ne vous quittera plus; mon image toujours là... près de vous...

LE MARGRAVE, *regardant autour de lui avec crainte.*
Je n'aime pas ces histoires-là.
MADEMOISELLE CLAIRON, *baissant la voix.*
S'il faut vous l'avouer, il m'a encore tenu parole.
LE MARGRAVE, *hésitant.*
Vous l'avez revu... depuis sa mort?..
MADEMOISELLE CLAIRON.
Non, mais un prodige inouï, incompréhensible le rendait sans cesse présent à ma pensée... pour échapper à un supplice continuel que je ne puis encore m'expliquer, j'acceptai l'asile que vous m'aviez offert, et ici, à Anspach, j'avais retrouvé un peu de calme... lorsque depuis deux jours, toutes mes terreurs me sont revenues!..
LE MARGRAVE.
Depuis deux jours?..
MADEMOISELLE CLAIRON.
Avant-hier, à la nuit tombante, comme je traversais le jardin avec ces dames... j'ai cru entrevoir, derrière une charmille, ses traits pâles et sévères... il s'avançait vers moi... j'ai poussé un cri et je suis rentrée tremblante au palais.
LE MARGRAVE, *un peu ému, tâchant de sourire.*
Ce que c'est que... l'imagination des femmes.
MADEMOISELLE CLAIRON.
Et hier!.. à mon réveil, ce billet attaché à ma glace!...
LE MARGRAVE.
Celui que vous lisiez en secret?
MADEMOISELLE CLAIRON.
Oui; il ne contenait que ces mots, d'une main inconnue : « Pourquoi me fuir... ce soir, » à minuit, au parc de la Favorite: aurez-vous » le courage d'y venir? »
LE MARGRAVE, *à part.*
Je n'aime pas ces histoires-là.
MADEMOISELLE CLAIRON.
J'ai voulu y aller, le courage m'a manqué... je tremblais de retrouver encore... car vous ne le croirez pas... après sa mort... pendant plus de trois mois, tous les jours ce coup de pistolet, ce bruit fatal semblait réaliser ses menaces... il partait toujours à la même heure!... n'importe le lieu où je me trouvais... au For-l'Évêque, durant ma captivité, chez moi, seule... entourée de monde!.. toujours ce bruit sinistre... jugez de mes terreurs, ce n'était point un jeu de mon imagination... M. de Marville, le lieutenant de police, voulut guetter mon revenant (on l'appelait ainsi): il fit environner ma maison; ses gens furent apostés sous mes fenêtres, il se tint lui-même près de moi, et sans que personne parût, sans qu'on pût découvrir la moindre trace, à dix heures précises... (*On entend un coup de feu qui part tout-à-coup sous la tenture.*) O ciel!..
LE MARGRAVE.
Qu'est-ce que c'est que ça?

MADEMOISELLE CLAIRON, *tremblante.*
C'est lui! c'est lui!
LE MARGRAVE.
Mais ce n'est pas son heure!
MADEMOISELLE CLAIRON.
N'importe, je vous l'avais dit!.. il revient se venger, me punir!..
LE MARGRAVE.
Quelle idée!... vous me feriez croire... (*Appelant.*) Holà! quelqu'un!.. ce n'est rien, bien certainement; mais encore faut-il savoir... Holà... mes officiers... (*criant plus fort.*) viendra-t-on!

SCÈNE VI.
Les Mêmes, MULHDORF, Officiers.
MULHDORF.
Altesse?
LE MARGRAVE.
Que s'est-il passé? ce coup de feu?..
MULHDORF.
Vous avez entendu?
LE MARGRAVE.
Parbleu!
MULHDORF.
Une chose étrange... la sentinelle du parc de la Favorite a cru voir un homme, un inconnu qui cherchait à pénétrer, par une fenêtre basse, dans cette partie du palais.
LE MARGRAVE, *montrant l'appartement de mademoiselle Clairon.*
De ce côté?..
MULHDORF.
Oui..... Après les sommations ordinaires, comme on ne répondait pas, elle a tiré.
LE MARGRAVE.
Ainsi, ce n'était pas un coup de pistolet?
MULHDORF.
Puisque c'était un coup de fusil.
LE MARGRAVE.
J'ai parfaitement saisi la différence... Eh bien! cet homme, cet inconnu?..
MULHDORF.
A été effrayé sans doute, et a disparu tout-à-coup...
MADEMOISELLE CLAIRON.
Je respire!..
LE MARGRAVE, *se tournant vers mademoiselle Clairon.*
Là!.. vous voyez!.. comme on est enfant!.. comme on se crée des chimères!.. (*A Mulhdorf et aux officiers qui restent au fond.*) Ne vous éloignez pas!... (*A mademoiselle Clairon.*) Aller vous figurer!...
MADEMOISELLE CLAIRON, *se remettant graduellement.*
Que voulez-vous, margrave, un pauvre esprit frappé!..
LE MARGRAVE, *riant.*
Que c'était un revenant...
MADEMOISELLE CLAIRON, *souriant à demi.*
En effet... je suis folle!..

ACTE II, SCENE VI.

LE MARGRAVE, *riant plus fort.*

Quand il est clair que c'était un voleur... ou quelque mauvais sujet de la cour, qui voulait vous faire une déclaration... ou qui venait chercher la réponse à ce billet mystérieux...

MADEMOISELLE CLAIRON.

C'est possible... oui, vous avez raison... car il y a des moments... où j'aime à penser qu'il existe encore..., que je le reverrai !...

LE MARGRAVE.

Oh ! non... cela, par exemple... il est mort, c'est positif... voilà un an — il n'y a plus à revenir là-dessus !... (*tendrement et la prenant à l'écart.*) et... ce serait une bonne occasion de me tenir la parole que vous m'aviez donnée... et... de m'épouser ?

MADEMOISELLE CLAIRON.

Vous épouser ! moi, margrave... j'ai promis de vous épouser ?

LE MARGRAVE.

Dans un moment d'égarement.

MADEMOISELLE CLAIRON.

Moi, qui ne veux plus aimer personne...

LE MARGRAVE.

Eh bien !... autant que j'en profite qu'un autre !...

MADEMOISELLE CLAIRON.

Non, non... je vous en conjure... ne me parlez pas de cela... ne m'en parlez jamais !...

LE MARGRAVE.

Bien !... bien ! (*A part.*) Petites façons !... elle y viendra !... quand elle saura que tout est disposé...

MULHDORF, *s'avançant du fond qui est resté ouvert.*

Monseigneur...

LE MARGRAVE.

Qu'est-ce qu'il y a encore ?

MULHDORF.

Pardon... des étrangers demandent à être admis auprès de Son Altesse.

LE MARGRAVE.

Des étrangers ?

MULHDORF.

Costumes fort brillants...

LE MARGRAVE, *se frappant le front.*

Ah !... ce sont les envoyés d'Anhalt qui viennent me relancer...

MULHDORF.

J'en ai peur...

LE MARGRAVE.

Je vois ce qu'ils me veulent ! c'est pour ce mariage. Je ne veux pas en entendre parler.

MADEMOISELLE CLAIRON.

Et pourquoi ? Vous ne pouvez au moins vous dispenser de les recevoir. — (*A Mulhdorf.*) Faites entrer. — Je vous laisse.

LE MARGRAVE, *la retenant.*

Non, non. — (*Criant à Mulhdorf qui sort par le fond.*) Un moment, attendez !... (*A mademoiselle Clairon.*) Voyez-vous, ma petite maman... je me connais... je m'embrouillerais dans mes phrases... parcequ'il y a encore une manière de renvoyer les gens... poliment... Vous qui avez passé votre vie à recevoir des ambassadeurs... si vous me donniez quelques idées... quelques conseils ?

MADEMOISELLE CLAIRON, *voulant sortir.*

Moi ?... Y pensez-vous... des conseils ! cela regarde monsieur de Mulhdorf.

LE MARGRAVE.

Vous savez bien qu'il n'en a jamais à me donner... je vous en supplie...

MADEMOISELLE CLAIRON.

Non, vous dis-je...

LE MARGRAVE.

Rien que le premier mot !... Après, cela ira tout seul... parceque pour la démarche... et la noblesse du maintien... je me rappelle parfaitement M. Brizard dans *Nicomède*. — (*Prenant des attitudes burlesques.*) Je le vois encore... il se campait comme cela...

MADEMOISELLE CLAIRON, *partant d'un éclat de rire.*

Ah ! ah ! qu'est-ce que c'est que cela ?

LE MARGRAVE.

C'est M. Brizard.

MADEMOISELLE CLAIRON, *riant toujours.*

Mais non, margrave... vous ressemblez à ce pauvre Roselly... (*Allant à lui involontairement et le plaçant.*) Est-il possible !... mais levez-donc la tête, le bras plus arrondi... et avec un sourire gracieux... vous leur dites la première chose venue. (*Déclamant.*)

« Dans cet embrassement dont la douceur me flatte,
« Venez... »

LE MARGRAVE.

Mais du tout... je ne veux pas les embrasser... puisque je veux les renvoyer...

MADEMOISELLE CLAIRON.

Alors, une audience de congé... c'est encore plus facile. Vous les mesurez de l'œil, et vous leur dites :

« Sors, et que le soleil levé sur mes états,
« Demain près du Jourdain ne te retrouve pas ! »

LE MARGRAVE.

Je m'enfoncerais dans le Jourdain et je n'en sortirais plus ! Décidément, j'aime mieux que vous les receviez vous-même...

MADEMOISELLE CLAIRON.

Moi !...

LE MARGRAVE.

Oui, oui... c'est une bonne idée... Je vous donne mes pleins pouvoirs...

MADEMOISELLE CLAIRON.

Mais, margrave... cela n'a pas de nom !

LE MARGRAVE.

N'oubliez pas que je refuse positivement. (*Il sort par la gauche en criant au fond.*) Faites entrer...

MADEMOISELLE CLAIRON.

Mais, margrave... écoutez-moi... Ah ! mon Dieu... je les entends... He vite... un coup d'œil

à mon miroir... car, il ne faut pas faire peur... même à des envoyés d'Anhalt.
(Elle rentre chez elle à droite.)

SCÈNE VII.

MULHDORF, ROSELLY, DEUX AUTRES COMÉDIENS.
(Roselly et les comédiens sont en riches costumes.)

MULHDORF, les introduisant.
Par ici, messieurs! Passez donc!...

ROSELLY.
Trop honnête. (Bas à ses camarades.) Il paraît qu'en Bavière on est poli avec les comédiens.

UN COMÉDIEN, bas.
Pas à l'auberge du *Soleil d'or*, toujours.

ROSELLY.
Tais-toi donc... (Regardant dans le salon.) Peste! beau local... décors soignés... palais de Mithridate!

MULHDORF.
Veuillez vous asseoir... Son Altesse ne tardera pas à paraître. (En confidence.) Je ne vous cache pas qu'on est mal disposé pour vous.

ROSELLY.
Ah! diable! (Bas aux comédiens.) Nous avons eu tort de venir.

MULHDORF.
Et que vous risquez fort de recevoir...

ROSELLY.
Quoi donc?

MULHDORF.
Un accueil...

ROSELLY, bas.
Les coups de bâton de Scapin?

MULHDORF.
Mais vous êtes d'habiles gens et vous saurez vous retourner.

ROSELLY, bas.
Ça ne ferait que changer la face des choses!

MULHDORF, saluant.
Messieurs!...
(Il sort.)

SCÈNE VIII.

LES MÊMES, excepté MULHDORF.

ROSELLY, saluant et le regardant.
Monsieur. Voilà un gaillard qui jouerait joliment les Arcas! est-il campé sur ses jambes!.. comme un coq!...

UN COMÉDIEN.
J'étais sûr que le margrave s'offenserait de notre visite.

ROSELLY.
Pourquoi donc? nous venons lui demander la permission de donner des représentations à Anspach... si ça lui déplait, allons-nous-en!... oh! impossible... on vient, il faut rester en scène... allons, ferme à la réplique.

SCÈNE IX.

LES MÊMES; MADEMOISELLE CLAIRON, coiffée plus richement.

MADEMOISELLE CLAIRON, à part.
Puisqu'il le veut absolument!... mais que vais-je dire à ces envoyés? il faudrait quelque chose d'imposant comme dans Sémiramis.

ROSELLY, levant le nez.
Sémiramis! hein! qu'est-ce qui joue le grand trottoir ici? (Il se retourne.) Que vois-je! Clairon!...

MADEMOISELLE CLAIRON.
Roselly!

TOUS ENSEMBLE.
Air d'un fragment de Piquillo.
Ah! quel beau jour! quel sort prospère!
Je crois retrouver mes succès...
En revoyant dans la Bavière
L'honneur du Théâtre français.
C'est nous! c'est toi!

MADEMOISELLE CLAIRON, et les autres.
Mes bons amis, Granger! La Thorillière!

ROSELLY.
Eh! oui, je savais bien que tu étais partie pour l'Allemagne... mais j'ignorais... (la regardant.) il paraît que tu tiens toujours les reines, en chef, et sans partage.

MADEMOISELLE CLAIRON, souriant.
Oh! je n'en ai que le pouvoir, Dieu merci!

ROSELLY.
C'est le meilleur!...

MADEMOISELLE CLAIRON, les regardant.
Mais plus je vous regarde!... ah! ah! moi qui croyais parler à des ambassadeurs!

ROSELLY.
On nous a pris pour des ambassadeurs, les manants!... c'est donc cela qu'on nous a fait tant de politesses...

MADEMOISELLE CLAIRON.
Dans quel accoutrement!...

ROSELLY.
Tu vois... nous portons sur nous une partie du magasin... l'habit du Glorieux, la perruque de Turcaret, la défroque de M. Guillaume et l'épée de Tancrède.

MADEMOISELLE CLAIRON.
Vous avez donc eu des malheurs?...

ROSELLY.
A peine nous sortions des portes.... du For-l'Évêque, après la déroute du *Siège de Calais*... la discorde s'est mise dans le camp des Grecs; ne pouvant plus rester dans les murs de Troie... nous nous sommes réfugiés à Châlons-sur-Marne, les vents contraires nous en ont éloignés... tu comprends! de là, à Strasbourg... autres infortunes, une déconfiture complète, des recettes détestables... et des acteurs idem!... ainsi d'échecs en échecs et de

coups de vent en coups de vent, nous sommes arrivés à Anspach... où je respire enfin !
« Car puisque je retrouve un ami si fidèle,
« Ma fortune va prendre une face... »
d'Andromaque.

MADEMOISELLE CLAIRON.
Oui, sans doute ! vous êtes malheureux, je suis toujours votre camarade ! voyons que puis-je faire pour vous ?

ROSELLY.
Nous sauver... donner une représentation à notre bénéfice.

MADEMOISELLE CLAIRON, riant.
Une représentation ! moi ?

ROSELLY.
Toi.

MADEMOISELLE CLAIRON.
A Anspach ?

ROSELLY.
A Anspach.

MADEMOISELLE CLAIRON.
Au fait ! ce serait original de ressaisir ma gloire.

ROSELLY.
Doubler les regrets...

MADEMOISELLE CLAIRON.
Mériter un dernier triomphe, désoler la Duménil et toutes les dames de la Comédie-française... (Aux comédiens.) Ce n'est pas que le désir de vous rendre service est le seul sentiment...

ROSELLY.
Parbleu ! nous le voyons bien... et les vers, les couronnes, les bravos... on viendra de Paris pour t'applaudir...

MADEMOISELLE CLAIRON.
C'est un peu loin !...

ROSELLY.
C'est égal, avec des chevaux !... d'ailleurs tu obligeras tous les sujets du margrave à y venir... ça peut faire encore une jolie petite recette... Y a-t-il du monde ici ?

MADEMOISELLE CLAIRON, riant.
Oui, dix-sept mille âmes...

ROSELLY.
Eh bien ! ça peut faire une jolie chambrée.

MADEMOISELLE CLAIRON.
Et que jouerions-nous ?

ROSELLY, avec joie.
Tout ce que tu voudras... choisis.

MADEMOISELLE CLAIRON.
Mérope ?

ROSELLY.
Oui, oui, Mérope, ton plus beau rôle... je suis Égiste...

MADEMOISELLE CLAIRON.
Le sais-tu bien, du moins ?

ROSELLY.
Je repasserai.

« O Dieu de l'univers !
« La vertu sur le trône est ton plus digne ouvrage ! »

(Se jetant à ses pieds.) Ah ! divine Mérope ! tu es notre providence !

SCÈNE X.

LES MÊMES ; LE MARGRAVE, revenant à pas de loup.

LE MARGRAVE.
Ils sont encore là... En voilà un qui lui parle à genoux... c'est bien ! c'est respectueux...

ROSELLY.
Ata : On dit que je sois sans malice.
Oui, Clairon... tu nous rends la vie...

LE MARGRAVE, à part.
Il la tutoie !

ROSELLY.
O digne amie !
Vois-tu, les comédiens français
Se cotiseront, tout exprès,
Pour t'élever une statue
Sur chaque place, à chaque rue,
Non, dans leur cœur ! pas en plein air :
C'est plus noble, et puis c'est moins cher.

LE MARGRAVE, se récriant.
Des comédiens !

TOUS.
Le margrave !

LE MARGRAVE, furieux.
Des comédiens ! dans mon palais !... mânes de mes aïeux !

MADEMOISELLE CLAIRON.
Margrave, y pensez-vous !

ROSELLY.
Tu vas voir que nous sommes bien ensemble. Monseigneur... c'est moi... vous savez...

LE MARGRAVE.
Je ne vous connais pas, je ne veux pas vous connaître, baladins !... (A lui-même.) Ils viennent lui redonner des idées de théâtre... (Haut.) Vils saltimbanques !

ROSELLY, indigné.
Saltimbanques !

MADEMOISELLE CLAIRON, de même.
Margrave ! c'est moi que vous offensez !... traiter ainsi mes amis... quand vous devez, au contraire...

LE MARGRAVE.
Je ne leur dois rien, et ils doivent à tout le monde... (Aux comédiens.) Sortez ! et pour vous parler votre langue, attendez... (Déclamant burlesquement.) « Sors, et que le soleil levé sur mes états, demain... dans la capitale de ma principauté... ne te retrouve pas ! »

ROSELLY, haussant les épaules.
Zaïre estropiée !... (Fièrement et reculant de deux pas.) C'en est trop... c'en est beaucoup trop... un vers de dix-neuf pieds... je m'éloigne... Mais pardon... j'oubliais... je dois, avant tout, rendre compte d'une commission qu'en partant de Paris Clairon m'avait donnée...

LE MARGRAVE, à part.

Clairon! je me sens une fureur!...

MADEMOISELLE CLAIRON, émue.

Ah! oui... je t'avais chargé... ce malheureux jeune homme... le fils du marquis de Balainval.

LE MARGRAVE.

Son revenant!

MADEMOISELLE CLAIRON.

Eh bien!

ROSELLY.

Il est réellement mort.

MADEMOISELLE CLAIRON, tressaillant.

Ah!

LE MARGRAVE.

Bon!

ROSELLY.

J'avais écrit au vieux marquis... il m'a répondu qu'il n'était que trop vrai que son fils venait de lui être enlevé d'une manière affreuse... et qu'il sentait qu'il ne lui survivrait pas...

MADEMOISELLE CLAIRON, à part.

Plus de doutes.

ROSELLY.

J'ai su effectivement, un mois après, que le pauvre vieillard...

LE MARGRAVE, avec joie.

Il est mort aussi! ils sont tous morts! à la bonne heure!

ROSELLY.

Comment?...

LE MARGRAVE.

Non, ce n'est pas là ce que je voulais dire! seulement ça m'arrange, parceque... et c'est vous qui m'apportez cette bonne nouvelle! Ah! mon cher Roselly! comment vous portez-vous? je vous remets parfaitement.

ROSELLY.

Vous me remettez, mon prince! c'est-à-dire, vous vouliez me mettre à la porte.

LE MARGRAVE.

A la porte! fi donc! des amis de mademoiselle Clairon! des comédiens ordinaires de mon cousin Louis XV.!... Vous logerez dans mon palais, vous mangerez à ma table.

ROSELLY.

Est-il possible!

LE MARGRAVE.

Ces messieurs aussi.

ROSELLY, timidement.

Il y en a encore quelques-uns au *Soleil d'or.*

LE MARGRAVE.

On les ira chercher; je vous invite à la fête, au bal masqué qui commence déjà, tenez... (*Masques dans le lointain. — Ici les portes s'ouvrent, la galerie du fond est brillamment éclairée. Les mascarades se promènent dans la galerie.*) Voyez-vous les costumes! il y en a de très drôles... (*A mi-voix.*) J'en ai un bon, moi, vous ne me reconnaîtrez pas. (*A mademoiselle Clairon.*) Ma petite maman, vous allez faire les honneurs... Messieurs, nous nous retrouverons au banquet...

ROSELLY.

Altesse... j'y compte... (*A part.*) Pourvu que ce ne soit pas le *Festin de Pierre.*

LE MARGRAVE, sortant, et à part.

Et moi, je cours préparer mon bonheur!

(*Roselly et les comédiens se perdent au fond dans la foule des masques.*)

SCÈNE XI.

Mlle CLAIRON, seule; elle est assise près de la table.

Il est donc vrai! plus d'espoir! il n'existait plus!... toutes ces terreurs, toutes ces visions que l'on traitait de folie... n'étaient que trop réelles... sa vengeance me poursuivait, et me poursuivra peut-être toujours... (*Saint-Paul paraît.*) Ah! et dans un pareil moment, présider une fête, un bal... quand je voudrais être seule à ma douleur, à mes regrets... non... je n'y paraîtrai pas... tout ce bruit... cet éclat me fatiguent... rentrons! (*Elle se lève et voit un domino noir qui est entré sur ses derniers mots.*) Ciel!... quelqu'un... ce masque... seule ici... que me veut-il? (*Le domino s'approche en silence.*) Je ne danserai pas, merci, merci, monsieur. (*Il la retient du geste.*) Ce n'est pas cela? vous voulez m'intriguer sans doute... non: même silence, et ce regard opiniâtre... (*Elle veut sortir. Il la retient.*) Encore! une pareille insistance. (*Voulant s'éloigner.*) Ah! laissez-moi, je veux sortir.

LE DOMINO, fermant la porte.

Tu m'entendras!

(*Le théâtre qui était éclairé reste dans une entière obscurité.*)

MADEMOISELLE CLAIRON, effrayée, à elle-même.

Oh! mon Dieu!... cette obscurité... et personne près de moi... je ne sais quel pressentiment. (*Haut.*) Encore une fois, retirez-vous, je ne vous connais pas.

LE DOMINO, lentement.

Je te connais, moi!

MADEMOISELLE CLAIRON voulant sourire.

Je le crois... je n'ai pas de masque.

LE DOMINO.

Un plus trompeur que tous les autres!

MADEMOISELLE CLAIRON, choquée.

Ah! des impertinences!

(*Elle veut sortir.*)

LE DOMINO, la retenant toujours.

Un moment... tu es bien pressée. (*Avec ironie.*) Je conçois... un jour de noces, l'impatience de rejoindre ton époux!...

MADEMOISELLE CLAIRON, surprise, à part.

Mon époux! que dit-il?...

LE DOMINO, baissant la voix.

A minuit! la chapelle n'est-elle pas préparée? le prêtre n'est-il pas averti?

MADEMOISELLE CLAIRON, à part.

Comment! que signifie?... est-ce que le margrave, à mon insu...

LE DOMINO, appuyant.

Tu ne voudrais pas le faire attendre! toi si exacte à tous les rendez-vous!...

MADEMOISELLE CLAIRON, le regardant avec plus d'attention.

Qu'entends-je!...

LE DOMINO.

Tu n'as pas toujours eu tant de pitié! il y a un an, à pareil jour, ce malheureux qui t'aimait plus que la vie... car il l'a donnée pour toi.

MADEMOISELLE CLAIRON, reculant.

Cette voix... c'est la sienne... et ce fantôme que j'avais entrevu... qui me poursuivait, c'était lui!...

LE DOMINO, avec force.

Ah! tu me connais, maintenant.

MADEMOISELLE CLAIRON, avec effroi.

Au nom du ciel... si vous saviez... si j'avais pu le sauver!...

LE DOMINO, lui prenant la main.

Le sauver!... et dans quel moment as-tu trahi son dernier vœu!... quand la mort de son frère tué en duel lui permettait enfin de réaliser ses rêves de bonheur...

MADEMOISELLE CLAIRON, en désordre.

Écoutez-moi!...

LE DOMINO.

Et tu n'as pas donné une larme à sa perte!...

MADEMOISELLE CLAIRON, dans le plus grand trouble.

Écoutez-moi!...

LE DOMINO.

Et ce souvenir terrible ne t'empêche point aujourd'hui même de former d'autres nœuds!... (Lui saisissant la main.) Mais cette trahison ne restera pas impunie! songes-y bien: si tu fais un seul pas pour paraître à l'autel... Saint-Paul y sera près de toi, à tes côtés!...

MADEMOISELLE CLAIRON.

Saint-Paul!...

LE DOMINO.

Et comme toi, il sera sans pitié.

(Il fait un pas pour s'éloigner.)

MADEMOISELLE CLAIRON, hors d'elle.

Arrêtez! arrêtez! je vous en conjure, qui que vous soyez... car cette voix, toute menaçante qu'elle est, me pénètre d'un trouble et me donne un espoir qui me rendra folle...

LE DOMINO, s'arrêtant.

Que veux-tu?

MADEMOISELLE CLAIRON.

Me justifier d'un soupçon odieux... vous dire... vous jurer que cet hymen dont vous m'accusez, je n'y ai jamais consenti, je l'ai toujours repoussé, et, depuis un an, le souvenir du malheureux Saint-Paul, son image toujours vivante ne m'a pas quittée un seul jour.

LE DOMINO, avec émotion.

Il serait vrai!

MADEMOISELLE CLAIRON, à part.

Eh! mais, c'est singulier... comme sa voix s'adoucit!...

LE DOMINO, dont la voix est plus émue.

Vous l'aimiez!

MADEMOISELLE CLAIRON, à part.

Pour un fantôme, il me paraît aussi tremblant que moi!

LE DOMINO, se rapprochant.

Ne me trompez-vous pas?

MADEMOISELLE CLAIRON, à part.

Il se rapproche...

LE DOMINO, plus ému.

Vous l'aimiez!

MADEMOISELLE CLAIRON, avec abandon.

Ah! de toutes les forces de mon âme!... Dans cette soirée fatale où il m'a cru coupable, sans une captivité cruelle qui enchaînait mes pas... j'aurais volé près de lui pour le sauver du coup affreux qui m'a coûté tant de larmes, pour lui crier : Je suis à toi, à toi seul... pour la vie!...

LE DOMINO.

Qu'entends-je!

MADEMOISELLE CLAIRON, à part.

Il se rapproche encore... ô mon Dieu!...

LE DOMINO, lentement.

Et aujourd'hui, s'il revenait te demander ta main, tu la lui accorderais?... (Un silence.) Tu hésites?...

MADEMOISELLE CLAIRON, avec amour.

Non, ma tendresse l'emporte! et, mort ou vivant, je te suivrai partout!

LE DOMINO, avec joie, jetant son manteau et son chapeau.

O bonheur!...

MADEMOISELLE CLAIRON, courant à lui.

Ciel!... lui! c'est bien lui!...

(Les portes de la galerie s'ouvrent. — Jour.)

SAINT-PAUL.

Air : Romance de Téniers.

D'un revenant ne crains plus les menaces,
Dans tous mes traits, par le chagrin flétris,
De la douleur tu peux trouver les traces
Mais non la mort, qui fut sourde à mes cris.
    J'existe, puisque je t'adore,
    Et là ce cœur qui bat toujours pour toi
    Pourrait lui seul, si tu doutais encore,
    Te le prouver bien mieux que moi.

MADEMOISELLE CLAIRON, avec bonheur.

Je n'ose croire! mais votre lettre... ce coup de feu...

SAINT-PAUL.

Oh!... l'arme était là... (montrant son cœur.) je voulais mourir, lorsqu'un ami s'élance et détourne mon bras... (En souriant.) Jugez, maintenant, si je le remercierai...

MADEMOISELLE CLAIRON, dans ses bras.

Et moi donc!...

SCÈNE XII.

Les mêmes; LE MARGRAVE, arrivant par la petite porte à gauche; MULHDORF et les Danseurs, paraissant au fond et s'arrêtant en voyant un officier aux genoux de mademoiselle Clairon; ROSELLY, et les Comédiens entrent par la droite.

LE MARGRAVE, à part.

Très bien, tout est prêt pour notre mariage... et personne ne se doute... (Apercevant Saint-Paul.) Ah! que vois-je!...

TOUS, au fond.

Un officier!

MULHDORF.

Le comte de Revel!

ROSELLY.

Le marquis de Balainval!

MADEMOISELLE CLAIRON, souriant.

Non, le chevalier de Saint-Paul.

LE MARGRAVE, reculant.

Votre revenant?

MADEMOISELLE CLAIRON.

Lui même: mais n'ayez pas peur... il existe, il respire...

TOUS.

Est-il possible!

ROSELLY.

Quoi! l'avare Achéron aurait lâché sa proie!

MADEMOISELLE CLAIRON, souriant.

Regardez, pour un fantôme, il n'est pas effrayant; il n'a pas de grosses chaînes, mais un joli uniforme, une voix douce, qui vous dit si tendrement: Je vous aime! aussi, margrave, vous le savez, je ne vous avais promis que mon amitié; que la vôtre me pardonne!...

(Elle lui tend la main.)

LE MARGRAVE, lui serrant la main.

Oui, oui, ma petite maman! je suis bien content... ça me fait bien plaisir; mais qui pourra me consoler?

MULHDORF.

Mon prince, les envoyés d'Anhalt attendent toujours cette audience...

LE MARGRAVE.

Ah! je te vois venir...

MULHDORF.

Il faut les recevoir...

LE MARGRAVE.

Les recevoir!...

MULHDORF.

Je n'ai pas de conseil à vous donner...

LE MARGRAVE.

Eh bien! je t'en donnerai un, moi... c'est de me laisser tranquille.

(Pendant que les danses reprennent au fond.)

Air de la Fille du Danube.

Vite oublions,
Amis, un instant de tristesse,
Recommençons;
Jusqu'à demain dansons, valsons.
Que le plaisir
Ici nous tienne ses promesses;
Pour le saisir
Sur ses traces il faut courir.

MADEMOISELLE CLAIRON, au public.

Pour vivre en paix
J'ai désormais
Fui la scène pour jamais...
Oui, Dieu merci,
C'est bien fini,
J'aurais trop peur aujourd'hui.
Mais, du théâtre,
Actrice toujours idolâtre,
J'y rentrerais
Si je comptais
Sur un succès.

TOUS.

Oui, du théâtre
Actrice toujours idolâtre,
Elle y serait
Demain, si l'on applaudissait.

FIN DE MADEMOISELLE CLAIRON.

PARIS.—IMPRIMERIE NORMALE DE JULES DIDOT L'AÎNÉ,
n° 6, boulevart d'Enfer.

Contraste insuffisant
NF Z 43-120-14